U0369056

iTPM：新时代管理者值得掌握的资产维护策略

郭东栋　编著

机 械 工 业 出 版 社

本书系统全面地阐述了 iTPM 资产维护策略的概念、背景、内容以及 iTPM 使用的工具，主要内容包括：制造业的资产管理体系、全员生产维护、设备维护的现状、概念"i"的引入、iTPM 策略的建立、iTPM 管理团队的建立、维护管理系统、物联网管理系统、预测性维护等内容。本书结合制造业发展实例，做到理论与实践相结合，且配有实际案例及数据，具有较强的指导意义。

本书内容丰富，可作为制造业工程技术人员、经营管理人员改善资产维护体系的参考用书。

图书在版编目（CIP）数据

iTPM：新时代管理者值得掌握的资产维护策略/郭东栋编著 . —北京：机械工业出版社，2022.12

ISBN 978-7-111-72112-3

Ⅰ . ①i… Ⅱ . ①郭… Ⅲ . ①制造工业—工业企业管理—资产管理—研究 Ⅳ . ①F407.406

中国版本图书馆CIP数据核字（2022）第222819号

机械工业出版社（北京市百万庄大街 22 号　邮政编码 100037）
策划编辑：李宣敏　　　　　责任编辑：李宣敏
责任校对：李小宝　贾立萍　封面设计：王　旭
责任印制：郜　敏
三河市宏达印刷有限公司印刷
2023 年 1 月第 1 版第 1 次印刷
169mm×239mm・6.5 印张・83 千字
标准书号：ISBN 978-7-111-72112-3
定价：39.00 元

电话服务　　　　　　　　　网络服务
客服电话：010-88361066　　机 工 官 网：www.cmpbook.com
　　　　　010-88379833　　机 工 官 博：weibo.com/cmp1952
　　　　　010-68326294　　金 书 网：www.golden-book.com
封底无防伪标均为盗版　机工教育服务网：www.cmpedu.com

前言

　　21 世纪科技的飞速发展，工业自动化水平的大幅提高，使得传统制造业由人力密集型向全面自动化的方向大幅迈进。同时，经济的快速发展提高了人民的生活水平，人们对一些汽车类工业产品的需求也随之不断增加。自动化程度提高、产量持续增加，给制造业的资产维护带来了重大挑战。为了"中国制造 2025"的全面推进，新型制造业企业需要对资产的维护策略进行改革，以适应新时代制造业的发展。

　　本书结合制造业生产及资产维护的实际，提出了全新 iTPM 维护理念，是新时代管理者可以参考的资产维护策略。本书在阐述资产维护理论的同时，注重内容的实用性，做到理论与实践相结合，提供生产实际案例供读者参考。

　　本书在编写过程中，参考了许多学者的有关研究成果及文献资料，在此一并向相关作者表示衷心的感谢。同时，还要感谢方铭博、陈巍、张正业、赵欣、刘西欣、诗喜乐、李明宇、孙岩、王庚霄等领导及同事在 iTPM 维护理念的实践和优化中给予的全面支持与鼎力相助。书中如有不妥之处，恳请广大读者朋友批评指正，以便修订时加以完善，谢谢。

编　者

前言

第1章

引论

1.1 制造业的资产管理体系

1.1.1 什么是资产

资产是指企业过去的交易或事项形成的，由企业拥有或控制的，预期会给企业带来经济利益的资源。由此可见，资产可以被认作是企业从事生产经营活动的物质基础。

根据资产的定义，资产具有以下三个方面的特征：第一，资产是一项由过去的交易或事项形成的资源，这也就代表着资产必须是现实的资产，而不能是预期的资产。这里提到的企业过去的交易或事项包括购买、生产、建造行为或者其他交易行为或事项。也就是说，只有过去的交易或事项才能形成资产，企业预期在未来发生的交易或事项不能形成资产。第二，资产必须由企业拥有或控制。由企业拥有或控制，是指企业享有某项资产的所有权，或者虽然不能享有某项资产的所有权，但是该资产能被企业所控制。例如，融资租入的固定资产，按照实质重于形式的要求，也应该将其作为企业资产予以确认。第三，资产预期会给企业带来经济利益。预期带来经济利益，是指直接或间接导致现金或现金等价物流入企业的潜力。资产必须具有交换价值和使用价值，没有交换价值和使用价值，且不能给企业带来未来经济利益的资产不能确认为企业的资产。

资产以各种具体形态分布或者占用在生产经营过程的不同方面。资产可以视为组织的基石。对于一些资产密集型的行业，如制造业来说，资产管理至关重要，其直接关系到生产和服务的连续性，产品和服务质量，成本，人员安全和环境影响，甚至可以决定组织、企业的"生死"。

1.1.2　资产管理

资产管理的对象包括实物资产和无形资产。

实物资产通常指组织拥有的设备、存货和不动产。无形资产如租赁权、商标、数据资产、使用权、许可、知识产权、信誉或协议。例如，汽车制造企业，生产设备可以被认作全部资产中金额占比最高、带来经济利益最大、最为重要的设备资产。只有保证设备资产的正常使用价值，并做到全生命周期维护，才能使设备资产带来的经济效益最大化。

一个组织当涉及数量众多、金额庞大的资产时，资产管理的问题就应运而生。资产管理使相应的组织能够清晰地认识到，资产在实现其组织目标后的价值。资产管理支持资产价值的实现，同时还要做到平衡与其相关的经济价值、环境和社会成本，以及风险和服务质量之间的关系。资产管理能够使组织检查不同等级的资产和资产系统的资产需求、资产性能以及资产状态。此外，有效的资产管理方法有助于在资产全生命周期的不同阶段内对资产进行管理。

资产管理基于价值、校准、领导力和保证四个原则。"价值"是指资产管理并不是关注资产本身，而是关注该资产可以给组织带来的价值。该价值由组织及其利益相关者按照组织目标来确定。"校准"是指资产管理将组织目标转化为与技术和资金相关的决策、计划和活动。资产管理的众多决策在共同作用下才能使组织的目标得以实现。领导力和企业文化是实现价值的决定因素。在组织内，正确的领导能够明确各个位置的角色、职责和权限，确保员工具有良好的岗位胜任能力。"保证"是指资产管理的方法可以为资产履行其目的和需求提供保证。保证的需求来源于组织的管理者有效管理企业的需求，包括与资产目的和性能相关联的流程的开发，使资产性能在全生命周期的所有阶段得到正确维护的流程，实施监测和持续改进的流程以及必要资源及人员保障的流程等。

根据以上内容不难看出，资产管理的实施具有诸多益处，包括提高资产的投资回报率，在全生命周期保证资产的价值；为资产投资决策提供信息资料，促进决策的改进并有效地平衡投资成本、风险、机遇和性能；加强风险管理，减少金融损失，提升组织信誉，尽量减少对环境和社会的负面影响；通过保障资产的性能来确保产品的优化及服务的改进，始终满足客户和利益相关方对产品的需求；履行相应的社会责任，节约资源，遵守商业惯例；提高组织可持续发展的潜能；提高生产效率及资产产能带来的效益等。

1.1.3　资产管理体系

为保障资产管理的顺利开展，提高组织的风险控制能力，实现资产管理目标，相应的资产管理体系也随之逐步形成。资产管理体系以实现组织资产价值最大化为目标，根据组织内外部环境的分析，确定组织的方针和战略资产管理计划，在风险识别的基础上确定资产管理目标，平衡资产全生命周期的风险、成本、绩效，以做出资产管理决策，并制订资产管理计划，提供资源实施资产管理计划，并对资产管理计划的实施情况、目标的完成情况进行检查，通过内审和管理评审体系的符合性及有效性，以及根据内外部情况的变化重新修订方针和战略资产管理计划，开始新一轮的循环，以实现为组织创造更大价值的目标。

根据资产管理的目标，目前涉及资产管理的各大企业及行政部门形成了日渐完善的资产管理体系。20世纪初，瑞典铁路系统最先提出了生命周期成本的概念。20世纪中期，美国将生命周期成本的概念最先应用于武器装备的采购中，借此达到控制成本的目的。1999年，美国规定"在制订有关产品、服务、建造和其他项目的投资决策中，必须采用生命周期成本分析"，否则不得签约。2004年，英国标准协会（BSI）和英国资产管理协会（IAM）共同颁布了第一版《公共可用规范》（Publicly Available Specification），即"PAS 55"。在此之后，经过此规范在行业内的大量实践，PAS 55于2008年修订。PAS 55（2008版）在资产管理策略、目标、计划、实施、能力、绩效、风险方面提出了28条具体的要求，组织可以根据这些具体的要求，结合现状，识别差距，分析原因，提出解决方案，并持续改进。实施了PAS 55的企业一般会被认为该企业已经建立了资产全生命周期系统，并达到国际先进水准；该企业已经具有持续改善绩效和提高竞争优势的能力；该企业能建立完整的资产管理治理机制，降低资产管理风险。这有利于提高公司形象和声誉并被利益相关者所认可（投资人、监管者、外部机构等）。2014年，经国际标准化组织（ISO）项目委员会三年多的努力和包括中国在内的31个国家的参与下，ISO 55000资产管理体系标准发布。

资产管理体系标准，是ISO发布的第一个专门针对资产管理的管理体系标准，其包括以下三个标准：

（1）ISO 55000《资产管理综述、原则和术语》

（2）ISO 55001《资产管理　管理体系　要求》

（3）ISO 55002《资产管理　管理体系　ISO 55001应用指南》

资产管理体系标准融合了国际上当时公认的有关资产管理的最新理念和最佳实践，为组织的设备、设施及其他资产的管理、改进提供了很大的帮助。在制定过程中，该标准已经和很多国际性的组织达成了合作，涵盖的范围极广，得到了全球不同文化背景组织的支持，并且被诸多企业各自制订的、特有的资产管理体系所应用及融合。

1.1.4　制造业的资产管理体系实例

　　某商用车制造商（以下简称 D 公司），亦是全球著名豪车生产商和卡车生产商，拥有庞大的生产规模，制订了在全球范围内适用的资产管理体系。该体系与国际资产管理体系标准的要求完全保持一致，并在其基础上，根据自身资产管理的需求，有针对性地制订了资产管理的方针及措施，以实现全球资产管理的目标。

　　D 公司利用整体的资产管理理念，对其各个分支的资产管理体系进行了具有针对性的指导。以其中之一的某子公司为例，D 公司为其制订的资产管理体系涵盖了公司对设备资产维护方面未来五年发展方向的规划，从全员维护策略、正确操作、5S 及设备清洁、简化维护、可视化管理、生产操作人员的知识和技能、与工程人员的合作关系等方面对设备资产维护策略进行了详细的说明，并制定了"五步走"战略（图 1-1），从最初不成形的、完全没有规划的维护管理雏形，逐步发展为稳健体系、预防体系、改善体系，直到最终走向卓越。

救火　稳健　预防　改善　卓越

图 1-1　"五步走"战略

▶▶ 1.2　全员生产维护

　　全员生产维护（Total Productive Maintenance, 以下简称 TPM），是一个以达到最高设备综合效率（Overall Equipment Efficiency, 设备综合效率，以下简称 OEE）为目标，涉及规划部门、使用部门、维修部门等多部门，从领导者到一线员工全体参加的，并通过小组自主活动推进，以设备生命周期为对象的系统化预防维修体系。运用这个体系，在维护上投入适量的资金会对总体成本、生产效率和设备寿命产生积极的影响，进而提高整个组织的效率。全员生产维护与资产管理、资产维护有着密不可分的关系。

1.2.1 维护策略的发展史

日本工厂企业从事后维修时期到 TPM 时期共经历了四个阶段。

第一阶段：事后维修时期。

第二阶段：预防维修时期。

第三阶段：改良维修时期。

第四阶段：TPM 时期。

日本的工厂在设备维修方面开始重视并使其发展是从 1950 年开始。20 世纪 50 年代为确立以 PM（Preventive Maintenance，预防性维护，以下简称 PM）为中心的保养机构时期；20 世纪 60 年代为考虑设备的可靠性、维修性、经济性的认识时期；20 世纪 70 年代为进入全员参加的、实现整个系统 PM 综合效率化的时期，即 TPM 时期。

日本某公司首先从美国引进了 PM 方法，从而揭开了推行 PM 的序幕。而在这以前，日本采用的是设备出了故障才维修的方法，称为事后维修。因而设备的意外停机多，开动率低，特别是那些老设备，出现意外故障的情况就更加频繁了，把当时的产业搞得很狼狈。在这种情况下，从美国引进并逐步推行了 PM 这种方法，即对使用的设备有计划地采取事先检查、更换备件等预防性措施，结果大大减少了由于事后维修带来的经济损失。日本自引进 PM 后，产业界受益匪浅，特别是石油精炼工业、钢铁工业、化学工业及其他对连续生产要求严格的行业和更换件较多的部门实行PM 后，受益更大，因此 PM 得到迅速推广。

但是在 PM 实施的过程中也出现了一定的问题。如在实施过程中对各种设备不加区别，一律采取预检预修的方式，结果在一些对生产影响不大的设备上也投入了大量的劳动去预检，造成了浪费。另外，由于投入过多的物资作备件，造成资金积压额增大，反而出现了新的矛盾。所以之后，日本在推行 PM 时又吸取了美国生产维修的经验，明确了维修的目的是生产，为了追求企业的经济效益。因此，日本在 PM 的实施过程中，根据设备对生产的影响大小安排维修，有意使一部分不重要的设备仍在事后维修，避免了不分青红皂白一律实行 PM 的状况，从而防止了过度维修，节省了人力、物力，获得了新的经济效果。

另外，20 世纪 50 年代以来，日本从维修中又发现了大量重复出现的故障，逐渐认识到，只有设法提高设备本身的可靠性、维修性，才能减少重复故障的发生，使设备少出故障，降低故障率，减少维修作业次数，缩短维修时间，延长设备使用寿命，从而可获得更好的经济效益。为此，工厂企业对使用中的设备采取改造措施，以减少设备故障次数，降低维修费用，20 世纪 60 年代初，日本对于新计划使用的设备，在计划、设计阶段就开始考虑其可靠性、维修性，进行"无维修、易维修"设计，这种维修称为改良预防。20 世纪 70 年代，日本吸收了英国的设备综合工程学的特点，在生产维修的基础上，形成了 TPM，从而给日本的设备维修管理注入了新的内容。

1.2.2　全员生产维护概述

全员生产维护是由日本企业界的中岛清一在美国学习了设备管理后勤学之后，又吸取采纳了英国设备综合工程学的一些成功经验，结合传统的日本企业管理方法所提出的有关设备管理与维修体系的方法。

1971 年，中岛清一提出了 TPM 最初的定义：

1）以达到 OEE 最高为目标。

2）确立以设备全生命周期为对象的全系统的 PM。

3）涉及设备的计划、使用、维修等所有部门。

4）从领导者到一线员工全体参与。

5）通过小组的自主活动推进 PM 管理。

接着，随着 TPM 在企业中的不断推广和普及，其生产发展的实际状态有了新的定义。时任日本设备维修协会副会长的中岛清一在日本《设备工程师》杂志（1989 年 8 月号）发表文章，对 TPM 的定义做了新的解释：

T（Total）：简单的解释为全员、全面，进一步理解，可以为"综合效率化"的"全"，"生产系统的全生命周期"的"全"，"所有部门"的"全"，以及"全员参加"的"全"。

P（Productive）：指生产系统达到"极限效率"，即不是单纯追求生产效率，而是使事故为零、废次品为零、故障为零等所有损失为零的真正效率化。

M（Maintenance）指以生产系统的全生命周期为对象的广义的维护。

通过以上的诠释，TPM 的新定义包括如下五个要素：

1）TPM 的目标是使企业的发展水平达到生产系统的极限效率（综合效率）。

2）以生产系统的全生命周期为对象，将现场组织好，实现事故为零、废次品为零、故障为零，并对所有损失防患于未然。

3）从生产部门开始，扩展到开发、经营、管理等所有部门。

4）从领导者到一线员工全员参加。

5）依靠各层级的小组活动达成损失为零的目标。

TPM 要求设备的操作人员也作为设备维修当中的要素。TPM 将维修变成了制造厂必不可少的组成部分，维修停机时间也成了工作计划表中不可缺少的一项，在某些情况下可将维修视为整个制造过程的组成部分，而不是简单地在设备出现故障后才进行，其目的是将应急的和计划外的维修时间最小化。

TPM 主要具有如下三个特点：

1）全效率。全效率是指追求设备的经济性，以达到设备较高的运行效率和生产设备效率化的极限。TPM 的全效率又称为设备综合效率，由设备时间开动率、性能开动率和合格品率相乘而得。设备综合效率反映了设备在计划开动时间内，即负荷时间内有价值的利用。

2）全系统。全系统是指 TPM 全系统生产维修体系，总体上可分为三个方面：①对设备的全生命周期进行全过程管理，即包括设备选型、设备购置、设备安装、设备测试、设备使用、设备维护和修理、设备报废；②设备设计制造过程的预防维修；③设备投入使用后的预防维修（包括提前检查等方面）以及改善维修（包括小改大修、大改小修等）。

3）全员性。全员性是指全体员工参加，尤其以操作者的自主维修为主。它是当代企业管理的共识，涉及设备的规划、研究、设计、制造、使用、维修、供应等部门的所有有关人员。从企业管理者到一线员工都参与设备管理，并分别承担相应职责。

"三全"之间的关系是：全效率是目标、全系统是载体、全员性是基础。

TPM 在传统的"5S"（即整理、整顿、清扫、清洁、素养）和工厂可视化管理的基础上，由"个别改善""自主保养""计划维护""教育训练""设备初期管理""品质保全""事务改善""环境安全"八项内容组成。

1）个别改善。个别改善是指为消除可能导致设备综合效率下降的状况，减小影响设备效率的损耗，从而追求设备综合效率的极限，最大程度激发设备的性能和机能。

2）自主保养。自主保养是指以设备的操作部门为中心，争取做到"自己的设备自己养"。自主保养的中心是防止设备的劣化。只有设备的实际使用部门承担了防止劣化的工作，设备的维修部门才能充分发挥其所专职负责的设备保养工作的有效性，使设备得到真正全面有效的保养。

3）计划维护。计划维护是指在设备的使用部门对设备进行自主保养的基础上，设备的维修部门能够有计划、有安排地对设备的劣化进行修复及改善。

4）教育训练。随着社会科技飞速的发展和进步，学习和工作已经成为一体，相辅相成，密不可分。教育训练不仅是培训部门的工作，也是每个部门的重要责任。不管是设备的使用部门还是维修部门，仅对设备的运转抱有美好的愿景还是远远不够的，难以把事情做好，因此加强技能的培训及提升是每个部门工作的重中之重，也是每个员工工作中的重要内容，需要每个员工自觉行动起来，在学习中工作，在工作中学习。

5）设备初期管理。随着生产进程的发展，设备更新换代，新设备不断被投入使用。设备初期管理是指设备在投入使用的初期就要形成一种既能减少维修，又符合生产要求，能够正常使用的状态，并且工作人员根据设备性能要求可对设备进行最优化规划、布置，使设备的操作和维修人员具有与新设备相适应的能力，总之，就是要使新设备一投入使用就达到最佳状态。

6）品质保全。品质保全是指为了保持产品的所有品质特性处于最佳状态，应对与质量有关的人员、设备、材料、方法信息等要因进行管理，对废品、次品和质量缺陷的发生防患于未然，从结果管理变为要因管理，使产品的生产处于良好的受控状态。

7）事务改善。事务改善主要是指管理部门的间接效率化，这主要体现在两方面，一方面是要有力地支持生产部门开展 TPM 及其他的生产活动；另一方面，应不断有效地提高本部门的工作效率和工作成果。

8）环境安全。"安全第一"是一贯的认识，但仅有意识是不够的，必须要有一套有效的管理体制。对卫生、环境也一样，在不断提高意识的同时，应建立起相应完善的制度来确保卫生、环境的不断改善。

1.2.3　汽车制造业的全员生产维护现状

D公司理念中的全员生产维护被称为GAB(Ganzheitliche Anlagenbetreuung)，译为"全生命周期的设备保全"。GAB的本质和从日本引进的TPM理论如出一辙，就是生产和维护的密切合作，目的是实现工厂的最佳可用性，即增加工艺可靠性和减少操作损失。GAB的实现也包括设备在全生命周期的改进，生产过程和产品质量的持续改进，制定标准并完善检查和维护的组织机构，将所有经验都融入新工厂的规划过程，实行以设备状态为导向的维护，防止故障反复发生，智能生产系统支持下的工厂管理改进，计划性的维护以及基本的技术革新等。

以某车企为例，该企业在冲压、装焊、喷漆、总装四类工艺车间，以及发动机和电池车间中，全员生产维护的工作都在全面开展。在发动机车间中，为TPM的实现，配备了一个核心的领导团队，以及对停机原因进行详细分析的团队；在执行TPM的两年中，OEE得到了不断提升，并且工厂的操作人员也能承担一部分技术人员的职责。在冲压车间，车间负责人负责TPM的相关工作，并将TPM中由生产和维修人员共同完成的设备清洁、点检等相关工作加入到了日常的工作条目中。在装焊车间，TPM的工作内容同样被添加到了日常工作条目中，由专人负责监督执行，并举行多次定期会议，以追踪TPM的执行情况。

各车间的全员生产维护工作在有条不紊地进行，并在持续不断地被优化和改进着。然而，面对公司的日益发展壮大，产量的不断增加，设备的维修及保养工作逐渐面临着前所未有的挑战。日益上涨的产量和设备的老化对公司生产的发展造成了巨大的考验，在如此巨大的压力下，传统的全员生产维护管理方式逐步变得难以满足持续不断的发展要求。

传统TPM的局限性体现在如下方面：

1）任务分配、确认、统计、分析、改进，均依靠纸质文件进行排程，工作烦琐复杂，浪费工时。

2）线边作业指导类型繁多，内容体量大，审批过程复杂，体系优化周期长，文件不宜管理和保存。

3）对设备能力的分析不够具体和精确，不能进行系统性的效率提升。

4）流程中的重复环节与资源浪费点多。

5）经验总结不足，设计环节缺少系统性输入。

6）当设备发生故障时，从生产员工升级至维修员工解决，中间需要经过生产与维修的班长和段长，该过程中存在浪费时间的问题。

7）设备的操作和维护界限僵化，负责生产与维修的员工技能都不够专业，工作积极性欠佳，缺少持续改进的动力。

8）人均看护设备的传统模式尽显低效。

9）缺少对设备指标性关键数据的采集，以及基于大数据分析的、行之有效的预测性方法。

▶▶ 1.3 设备维护的现状

全员生产维护的开展在世界范围内都获得了一定程度的成功。如图 1-2 所示为某工厂员工数量及产值变化关系。

图 1-2 某工厂员工数量及产值变化关系

图 1-2 中的数据显示了从 2010 年到 2016 年的员工数量和产值的变化关系，在这段时间中，产值增加了 72%，而员工的数量却减少了 7%。

如图 1-3 所示的数据同样来源于该工厂。由图 1-3 中的数据清晰可见，在 TPM 开展之后，OEE 得到了明显的提升，同时设备的停机时间大幅下降，平均每 1000h 的停机率降低了 16%。

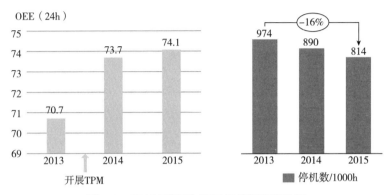

图 1-3　TPM 开展后 OEE 及停机率变化图

然而，在人员数目不断减少，以及设备自动化程度大幅提升的情况下，设备维护的工作量也在日益增加。以汽车行业自动化程度较高的装焊车间为例，在每个装焊车间中都有 700~1000 个机器人，分别完成物料的搬运、焊接、涂胶等工作。机器人数目随着新生产线的投入使用不断增加，越来越多的手工工作逐步被机器人替代，生产线的自动化水平不断提高。

▶▶ 1.4　概念"i"的引入

以汽车行业为例，在新能源汽车的带动下，2017—2022 年产销量不断增加。面对如此巨大的市场需求和与之对应的产量增幅，某公司多个车间的生产计划已超出设备设计产能负荷。对于需要提高单位时间产值的汽车行业来说，设备的稳定运行对维持企业生产运转与持续发展起到了至关重要的作用。对于企业而言，如果要在复杂多变的市场中具备良好的竞争力与持续发展能力，拥有先进、稳定的生产设备与完善的设备管理体系是必不可少的。然而在长时间的超负荷运作下，许多设备已进入故障偶发期或频发期，有些设备甚至出现老化现象，造成可靠性急剧下降。与此同时，消费者对于产品功能、外观等个性化的需求不断增加，定制化服务正在取代传统服务成为制造业新的趋势。在这种趋势下，传统的生产制造系统正逐渐被市场所淘汰。面临如此巨大的压力，如何提升生产设备柔性度，并在保证设备稳定运行的前提下持续提升生产效率成为生产运营与设备维护部门的难题。

随着"德国工业4.0"概念的引入和"中国制造2025"的逐步推进，制造行业开始了新的思考。区别于传统的TPM，以智能互联为导向的全员生产维护管理iTPM在空前的挑战与机遇面前顺势而生。iTPM最大的特色在于"i"理念的引入，"i"融合了"智能（intelligent）""互联（interconnected）""综合（integrated）"以及"我（i）"四个英文单词的首字母，其中"智能"代表智能制造，指基于数字化工具的应用和状态监控的积累，搭建设备的评价模型，进一步开发机器学习和故障预警的能力，从而有效降低设备停机频率，提高设备开动率；"互联"代表互联管理，指借助多款适用的IT解决方案，以支持技术人员将维护工作与生产数据、物料管理和工作计划有效联系起来，并进行大数据收集和分析；"综合"代表责任经营体制下的跨部门综合性合作，即基于三级资产维护理念以及该公司人才培养的目标，对维护级别进行本土化划分；"我"代表以设备操作者为核心，即强调操作者对设备效率管理的主导作用，通过建立"生产员工与维修员工直线响应模式"，取代之前的"抛物线式响应模式"，大幅降低设备维护的时间成本，并提升员工的技能与增强责任感。接下来将结合iTPM在该公司的应用实例针对"智能""互联""综合""我"四个方面进行详细阐述。

1.4.1 智能（intelligent）

"智能（intelligent）"旨在改革升级传统的维护手段，全面引入数字化工具，实现全部设备接入管理系统，全程监控生产制造信息，靶向精确锁定至最小损失单元，大幅减少分析时间，实现短周期分析、改善、提升的闭环，提升设备效率，并整合生产制造的大数据来建立评价模型。同时使用先进的维护形式，进一步开发设备强化与自学能力，大幅提高故障的可预测性和准确性，力求在未发生故障时提前预警，降低损失。

预防性维护进一步演化为预测性维护并进行深入研究，引入神经网络自学习模型，建立预测性维护系统。同时，在预测性维护中引入"数字孪生（digital twin）"的概念，充分利用设备物理模型、传感器采集数据、历史维护数据等信息，集成多维度、多物理量、多概率的仿真过程，在虚拟空间完成与现实设备的映射，从而反映相对应设备的全生命周期过程。

1.4.2 互联（interconnected）

"互联（interconnected）"旨在基于生产设备层面实现工单、物料和工时等信息的串联交互，以达到各业务间的协同制造、协同服务等目标。设备是制造业企业资产中重要组成部分，实现全部设备互联后，上层应用能够实时监控设备生产运行状态并快速进行故障诊断分析，添加故障问题信息，缩短停机时间。使用IT解决方案将设备全生命周期管理中不同设备过程监测数据有序地进行收集、分析，并实现系统互联，使信息在传递的过程中数据准确，以此提高车间自动化、信息化程度和设备管理水平。

随着产量大幅度提升，生产效率和维护成本控制逐步成为领导者关注的焦点，其中效率损失是一项尤为关键的指标。针对目前各类车间各自的特点，推广适合的生产数据IT标准解决方案，如BDE、iPortal、Prisma等数字化系统，用于分析效率损失、产能瓶颈、质量影响等，将收集到的数据在人机交互界面进行可视化监控，形成 OEE、TA（技术可用率，以下简称 TA）等可视化指标。通过标准化数据采集和生产监控系统，对产量、质量、瓶颈工位、数据有效性等进行持续和客观的评估。对各项与效率损失相关的内容进行大数据分析，找出影响效率损失的重要因素，使维修策略的制订能够更具有针对性。除此之外，IT 的定制解决方案有基于 Access 的 FEN 系统以及基于 Share Folder 的网页共享平台等。

在工单管理方面，维护管理系统的使用，将可完全避免由手工填写工单、物料等造成的低准确性与低时效性的问题，在维护流程标准化管理方面具有显著优势。数字化维护管理系统中的 PM 管理模块针对设备维护管理，主要负责基础数据、故障报告及工单处理、文档管理等内容。该模块会基于效率损失的数据分析制订相对应的工单、工时以及物料，有效地将 CM（Corrective Maintenance, 改善性维护）转化为 PM，并录入系统形成数字化周期性工作任务指导维护工作，改进数据分析方法及设备维护流程，从而极大地提高维护管理的效率、精准度和可操作性，实现对设备的精益维护。此外，维护管理系统在记录工单等信息的过程中，在服务器中存储了大量信息，包括物料、工时、维修内容等。这些大量的基础数据能够客观地反映与生产设备相关的指标，是预测性维护顺利实施的坚实基础。

1.4.3　综合（integrated）

"综合（integrated）"旨在充分促进生产和维修之间跨部门的深度合作，强调责任经营，发挥生产部门的人员优势和维修部门的技术优势，共同推进 iTPM 在公司的开展，将生产效率损失作为共同合作攻克的目标，全方位提升设备综合效率和技术可用率等指标，并通过技术维护部门作为支持平台进行技术经验横向分享，实现难点课题的综合性突破。维护内容分别由生产团队、维修团队以及专家技术人员组成的团队负责，其中生产团队中将那些掌握维护技能的操作工细分为四个等级，如图 1-4 所示。

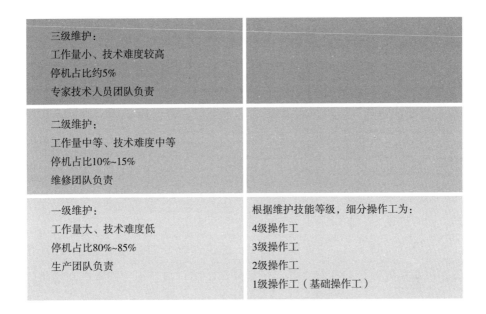

三级维护：
工作量小、技术难度较高
停机占比约5%
专家技术人员团队负责

二级维护：
工作量中等、技术难度中等
停机占比10%~15%
维修团队负责

一级维护：
工作量大、技术难度低
停机占比80%~85%
生产团队负责

根据维护技能等级，细分操作工为：
4级操作工
3级操作工
2级操作工
1级操作工（基础操作工）

图1-4 三级资产维护能力等级划分

在公司层面，一个多层级的监督和执行组织机构被建立起来。iTPM实践的执行层在各个生产车间，针对每一位生产与维修人员进行了深入人心的普及，由各生产部门和维修部门共同作用，针对各个车间的生产结构特点，在通用的iTPM体系中"因地制宜"，进行"本土化"改进。

各车间之间的参观交流，促进了各车间各部门在相互学习的过程中扬长补短，不断地完善iTPM体系的适用性。另外，培训工作也增加了基层员工对于iTPM的认同感。

在整体团队的组织架构中，有一个由包括副总裁和总经理的管理层组成的核心团队，该团队推动并督促部门经理和一线管理人员进行任务分配，使iTPM推广的速度与效率大幅提高。

1.4.4 我（i）

"我（i）"旨在反映个人的匠心精神，代表着生产响应模式的坚持与转型。iTPM采取以设备操作者为核心的现场管理模式，强调由操作者对设备效率进行优化的主导作用，建立操作工与维修工之间的"直线响应模式"，取代之前的由操作工至操作班长——操作班长至维修班长——维修班长分派任务给维修工的"抛物线响应模式"，大幅度降低了设备维护的时间成本。iTPM 的开展可以逐步让操作工掌握自主保养的技能，维修工则可投入到高度专业的设备维护技能提升上，这更有利于提升生产技术人员的能力，也加强了设备所有者的主人翁精神和合作意识，减少了不同部门因此造成的矛盾。对企业而言，这意味着工作效率的提升和员工满意度的提高，同时这也为企业带来了良性的竞争与活力。

在设计"我（i）"的管理理念时，通过在每个 TPM 单元设立 iTPM 管理看板实现属地化责任制，并通过故障污染源目视看板实现生产与维修的负责人直线沟通方式，使其能够共同解决两源问题。

iTPM 逐渐成为企业发展的一个有力的支持工具，不仅能够降低企业的制造成本，如维护成本及其他管理（人工、时间）成本，而且能够有效降低不良品产生概率。当然，为了降本增效提升企业竞争力的目标，iTPM 的内涵还在不断地扩充、改良和创新。

第2章

iTPM 策略

▶▶ 2.1 iTPM 策略的建立

iTPM 策略是对传统 TPM 和 GAB 体系的全面升级。"智能""互联""综合"以及"我"的概念的引入,对维护策略的升级有着积极且深远的影响。预测性维护使设备维护的方案更加智能,维护效率大幅提升;数据透明化、记录无纸化、实时的工单物料信息交互使信息高速传输;融合生产和维修之间的跨部门合作使员工工作效率显著优化。将 iTPM 策略结合到设备全员维护的体系中,驱动设备管理体系的改进完善。通过参考全球维护与资产管理论坛(GFMAM)、PAS 55、ISO 55000 系列标准,iTPM 策略将搭建智能化、互联化、综合化设备全员生产维护 5 个支柱的框架,并细化隶属于 5 个框架下的 16 个模块(图 2-1),即分为自主管理、效能管理、数据管理、物料管理、持续改进 5 个支柱以及安全与 5S、设备分级、深度清洁和点检、计划性维护、岗位职责与技能提升、紧急维护、性能稼动改善、质量稳定改善、时间稼动改善、参数监控、F-FMEA、数据可视化、备件控制、易损件控制、工装工具控制、持续改进共 16 个模块。在每个模块中,将工作内容具体化,形成有指导性和可行性的标准,并创新性地赋予逐步推广和实践的可能性。

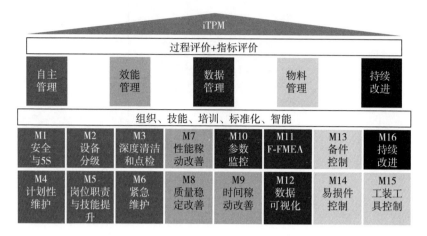

图 2-1　iTPM 策略的 5 个支柱和 16 个模块

配合 iTPM 的推广和发展建立了两大评价体系，即指标评价体系和过程评价体系。在指标评价体系中，利用生产数据系统提供的实时数据，客观体现各个 TPM 执行组织所负责设备的开动率、生产效率和维护工作完成情况等指标。在过程评价体系中，结合有关国际资产管理中 TPM 的学术理论和制造业智能制造的发展需求，以及上述的 5 个支柱和 16 个模块，设计出一个与生产相关且各部门人员均可以参与的评价组织，依据标准的细化检查清单对 TPM 执行的过程性管理进行评分和等级审核。客观指标与主观指标相辅相成，综合性地展示各部门的资产设备维护管理水平。与此同时，由生产部门和维修部门成立 iTPM 推进团队，并针对每个车间的生产结构特点进行本地优化。各个推进团队根据本车间的实际情况相互进行参观交流，以此来不断地完善体系的通用性和增强体系的特色。从上到下的管理支持极大提高了 iTPM 研究的开展效率以及生产部门的执行力，在项目团队的推进下，一个多层级的监督和执行组织机构在公司层面逐步建立。图 2-2 所示为基于物联网协议的状态监控与预测性维护。生产制造总线 (以下简称 MSB) 的提出和搭建，能更好地服务 iTPM 的横向及纵向推广。智能系统的搭建用来收集和分析所有设备数据,以得到准确的维护数据,从而提供更加精准的维护。虽有协议的整合,仍能够集中生产、质量、维护、采购等各相关部门的数据,形成真正意义的"T",做到精准维护、全员参与、需求预测、方案精准、物料购买的一体化 iTPM 策略。iTPM 为各车间提供了横向的经验交流与自上而下的系统化纵向管理的平台。

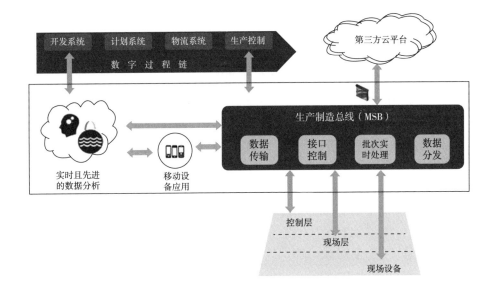

图 2-2 基于物联网协议的状态监控与预测性维护

iTPM 的开展可以实现以下三大目标:①在跨部门沟通合作过程中通过生产人员维护技能的提升,使人员利用率改善约 10%,实现每年 2%~3% 的员工总数负增长的目标,以节省公司的人工成本;②通过系统化效率改善,使设备技术可用率提升至 95% 以上;③通过精益化的维护策略实现维护成本每年下降 5% 的目标。iTPM 以此为基础,创新搭建了一个完善的理论和评价体系,将"智能、互联、综合、我"的概念注入其中,从而实现全员维护意识提升以及设备高效稳定运行的企业生产管理目标，以拓宽制造业"智能制造"的发展道路。

iTPM 策略包括 1 个特色、5 个支柱、16 个模块、4 步走战略以及两大评价体系。针对这些创新内容，下文将会逐一梳理介绍。

2.1.1　1 个特色

通过智能互联化确定 1 个特色"i"，放大工业 4.0 基因。在 iTPM 策略确立时，就将"i"作为特色，在传统的 TPM 基础上进行优化升级。特色"i"的含义分为四个方面，分别是智能（intelligent）、互联（interconnected）、综合（integrated）及我（i）。针对该特色各方面的具体阐述在 1.4 节已详细介绍，此处不再赘述。

2.1.2　5 个支柱

围绕 iTPM 策略精准定义了对应系统基础的 5 个支柱，分别是自主管理、效能管理、数据管理、物料管理、持续改进。

2.1.3　16 个模块

以 iTPM 5 个支柱为基础，细分出 16 个模块。这 16 个模块分别是安全与 5S、设备分级、深度清洁和点检、计划性维护、岗位职责与技能提升、紧急维护、性能稼动改善、质量稳定改善、时间稼动改善、参数监控、F-FMEA、数据可视化、备件控制、易损件控制、工装工具控制、持续改进。从 5 个支柱到 16 个模块，引入了智能制造的需求，是信息数据互联互通的基础，形成 360° 全方位的全员全生命周期的设备管理新模式。与此同时，iTPM 策略的基础是组成 5 个支柱的 16 个模块，导入实施阶段的重点工作就是细化模块的具体工作内容，以下内容根据图 2-3 所示的 iTPM 评价手册的内容定义了 16 个模块的具体要求及工作方向。

iTPM 等级评价

日期	设备	生产责任人	维修责任人	评价人	评价等级

等级评价注意事项	
应该做的	不应该做的

•完整检查指标评价的所有指标
•完整检查过程评价的所有指标
•逐级评价
•让设备负责人（生产+维修）
  参与到评估
	•不要批评员工，评估的目的是发现问题
	•非必要不中断流程，保证评估的连续性
	•不要只做问题的发现者，问题反馈后也
	  要跟踪和督促问题的解决

指标评价标准：

iTPM等级：

KPI	iTPM级别（指标评价）				
描述	0-救火	1-稳健	2-预防	3-改善	4-卓越
OEE	75%	80%	83%	85%	86%
TA	88%	92%	95%	97%	98%
紧急性维护生产部门处理占比（工单数）	0	>18%	>35%	>50%	>60%
预防性维护生产部门执行占比（工作人时）	≤35%	>35%	>50%	>65%	>85%
预防性维护占比（工作人时）	≤20%	>30%	>45%	>60%	>75%

•连续三个月指标达到对应级别数值则视为达到该级别
•表中指标数值仅作示例，不具有参考意义

指标实际值：

OEE	TA	EM分工比例	PM分工比例	PM占比

a) 指标评价

图 2-3　iTPM 评价手册

23

过程评价标准：

iTPM等级：

KPI	iTPM级别（过程评价）			
描述	1-稳健	2-预防	3-改善	4-卓越
模块组1 M1 M2 M3 M4 M5 M10	3.0	3.5	3.8	4.0
模块组2 M6 M7 M8 M9		3.0	3.5	3.8
模块组3 M11 M13 M14 M15			2.5	3.0
模块组4 M12 M16				2.5

过程模块得分：

模块组1

平均分

| M1 | M2 | M3 | M4 | M5 | M10 |

模块得分 □ □ □ □ □ □

模块组2

平均分

| M6 | M7 | M8 | M9 |

模块得分 □ □ □ □

模块组3

平均分

| M11 | M13 | M14 | M15 |

模块得分 □ □ □ □

模块组4

平均分

| M12 | M16 |

模块得分 □ □

b) 过程评价

图 2-3　iTPM 评价手册（续）

指标评价与过程评价的等级划分均分为 5 级，分别是 0 分（救火）、1 分（稳健）、2 分（预防）、3 分（改善）、4 分（卓越），通过这 5 个层级进行具体划分。指标评价的指标数值需要跨职能部门根据表 2-1 中的指标评价定义原则进行定义。

表 2-1　指标评价定义原则

序号	内容
1	考虑初始规划阶段的 OEE，考虑初始规划阶段的 NEE（设备净效率）
2	考虑生产与维修之间的组织结构与岗位分工
3	使用 iTPM 策略的车间，需要根据自身情况制订指标数值，设定者为包括生产、维修、规划的审核小组
4	EM（Emergency Maintenance，紧急性维护）在岗位职责和系统中有清晰的定义。指标评估的单台设备需要满足： 1）一级 / 二级指标需持续一个月以上 2）三级指标需持续三个月以上 3）四级指标需持续六个月以上 使用 iTPM 策略的生产线，需要在序列化生产一年后进行评估
5	自动化生产线与手动生产线的指标设定不同
6	考虑设备规划时预防性维护的工作量

1. M1 安全与 5S

M1 安全与 5S（表 2-2）就是通过实施 5S 等活动，确保生产活动的安全，消除困难作业、危险作业以及任何可能引发灾害的隐患，以提供适合任何设备工作的良好环境。

表 2-2　M1 安全与 5S

05 卓越	开展属地化管理，生产操作人员作为区域的主人，提出或主导安全管理、5S、基础清洁和污染源防治的改善方案
04 改善	通过安全问题点、污染源布局图或可视化卡片对一些安全隐患点、污染源进行强化管理，最终消除安全隐患和污染源，减少安全保障、5S 和基础清洁的任务量，如绝缘防护、漏油点、切屑堆积区等

（续）

03 预防	执行正式的安全作业，5S 及设备清洁流程规范： 1）所有安全隐患被消除或受控 2）所有不必要的物品都已被清理掉 3）区域得到细致清洁，设备外观及内部均整洁 4）定期进行安全大检查，清洁计划及 5S 审核严格执行
02 稳健	可以预见的安全隐患点和对应措施被探测到并生成相应书面文件，各工位基本的劳保用品齐全，如劳保手套、护目镜等 工作区及设备相对干净、整洁： 1）工作区没有明显乱摆乱放现象 2）区域定时清洁，设备外观整洁，但内部仍有污垢
01 救火	1）工作区脏乱、不安全，缺乏基本劳保用品和劳保穿戴意识淡薄 2）设备被污垢覆盖，导致损坏、停机 3）生产操作人员对设备没有所有者的责任感

2. M2 设备分级

M2 设备分级（表 2-3）是为了将有限的维修资源集中使用在对生产经营及提高经济效益起重要作用的设备上，会针对设备的重要程度，对不同的设备采用不同的管理对策和措施。设备分级具体可以采用重点设备管理法和效果系数法两种方法。设备分类划分之后，不是长期不变的，而是会随着产品的变化、生产计划的变化及产品工艺的变化而变化，应定期进行研究与调整，对重点设备的维修资源需有所倾斜。

表 2-3　M2 设备分级

05 卓越	分级管理法覆盖到所有关键设备和非关键设备的关键部件这一层面
04 改善	设备分级标准和模式进入深入分析与定期回顾阶段，如考虑设备的历史运行稳定性，每两年回顾一次分级标准和模式
03 预防	有正式的设备分级标准，标准基于二维模型建立，即产能损失和修复困难度
02 稳健	无正式的设备分级标准，但是管理层已具备分级意识，仅有类似于记录设备关键性的清单作为 iTPM 工作指导
01 救火	无正式的设备分级标准，仅凭经验和感觉评定设备的等级

3. M3 深度清洁和点检

M3 深度清洁和点检（表 2-4）是生产部门在设备维护部门的指导和支持下，自行对设备实施的日常管理和维护。深度清洁和点检是设备自主管理的最基本要求，不仅可以减少因设备故障而发生的日常停机状况，还可以提高企业的生产质量和生产效率。

表 2-4　M3 深度清洁和点检

05 卓越	1）开展属地化管理，生产操作人员作为区域的主人，提出或主导深度清洁的改善方案，如工具、WI（Working Instruction，作业指导书）优化等 2）大部分的点检工作依赖于可视化技术和自动监测，提升工作效率
04 改善	对于所有设备，如工具、工装等，按照规范的标准和流程实施了生产操作人员的深度清洁和点检作业
03 预防	对于主要设备，按照规范的标准和流程实施了生产操作人员的深度清洁和点检作业
02 稳健	有些生产操作人员在日常操作中会兼顾深度清洁和点检工作，但这完全取决于生产操作人员的个人主动性，并没有规范的标准、流程指导、计划、专业工具。因此过程质量不可靠，工作效率低
01 救火	忽视深度清洁，设备的一些清洁作业困难位置长期被污染物覆盖，如标准件、小车、辅助工具，设备顶端及底部、运动机构护板内侧等，导致点检困难、停机或损坏 生产操作人员完全不监督设备的运行状态，仅在设备发生故障时上报

4. M4 计划性维护

M4 计划性维护是通过对设备的点检、定检、精度管理，利用收集到的产品质量等信息，对设备状况进行评估和维护，以降低设备故障率和提高产品的合格率。

（1）M4-1 任务的定义和分配（表 2-5）

表 2-5　M4-1 任务的定义和分配

05 卓越	TPM 任务清单和工作在不断的 PDCA（Plan、Do、Check、Act，以下简称 PDCA）中持续改善，至少每年优化一次： 1）对 TPM 标准作业过程进行跟踪，基于实际效果不断优化 2）不同季节采用不同的 TPM 措施

（续）

04 改善	TPM 工作任务生产的移交有明确的方向（预防性维护、改善性维护、紧急性维护）、KPI 和流程，并且有相关的后续支持，如培训、物料工具等
03 预防	TPM 工作任务生产和维修的工作比例在动态改变，所有管理者支持工作的移交，但是缺乏组织和流程
02 稳健	TPM 任务清单和工作划分与维修定义清晰，责任明确，如下信息被清楚定义并可视化：每日、每周、非生产时间、大长假作业 TPM 的内容、时间、人员、频率和触发机制
01 救火	TPM 任务清单和工作划分定义模糊，责任不清，存在明显的抱怨和工作漏项

（2）M4-2 任务的实施（表 2-6）

表 2-6　M4-2 任务的实施

05 卓越	基于系统历史数据和效果分析，对任务实施进行持续改善，优化工作的 PDCA 环节，如频率、方法等
04 改善	生产和维修在检查这个环节进行互查，确保 TPM 工单的实施效果，过去 6 个月 TPM 任务完成率为 100%
03 预防	工单管理全部由维护管理系统自动触发，任务清单自动触发，作业完成后具体反馈录入系统，作为后续数据分析和提升的数据库
02 稳健	现行的工单管理全部由手动录入的 Excel 清单和 Word 文件执行，PDCA 全部由人工控制
01 救火	基于任务实施的具体工作清单没有正式的管理规范，缺少或缺失基本的 PDCA

（3）M4-3 以操作者为中心的全员维护（表 2-7）

表 2-7　M4-3 以操作者为中心的全员维护

05 卓越	生产操作人员在未来设备管理改善中作为主导并起着关键作用
04 改善	生产操作人员的绩效评估包括他们的全员维护工作
03 预防	生产操作人员在设备管理中的职责有明确定义：工作任务、KPI、技能
02 稳健	虽没有正式定义，生产操作人员仍然对设备管理负有以下责任：支持设备维护，正确操作设备，防止停机的发生
01 救火	所有员工均接受了 TPM 的基础概念培训，具备基本意识，但对生产操作人员的参与性没有明确规定，设备维护被视为是只属于维修或设施团队的职责

（4）M4-4 正确和高效的操作（表 2-8）

表 2-8 M4-4 正确和高效的操作

05 卓越	生产操作人员作为标准、作业指导、流程优化的主人，主动推进工作效率的提升
04 改善	所有工位和生产操作人员都按照标准、作业指导与流程开展标准化作业，且高效开展：使用、优化、设计方便的工具，合理的劳保，适合的辅料等
03 预防	大多数员工和设备的 TPM 工作已经开始按照标准、作业指导与流程开展标准化作业
02 稳健	生产操作人员可以正确操作设备，但是没有作业指导和操作流程，大多数是基本技能和经验作业
01 救火	生产操作人员由于缺乏基础知识和技能，忽视和滥用设备，导致设备频繁停机及维修成本高

5. M5 岗位职责与技能提升

M5 岗位职责与技能提升的目的是培养新型的、具有多种技能的设备管理者，这样的员工能高效且独立地完成各项工作。

（1）M5-1 生产与维修部门的合作关系，维修工与工程师的合作关系（表 2-9）

表 2-9 M5-1 生产与维修部门的合作关系，维修工与工程师的合作关系

05 卓越	1）专业维修人员和生产操作人员间有强有力的合作关系 2）在角色定位及任务分配方面，小组机制灵活方便 3）生产操作人员和维修工共同进行复杂维修工作 4）目标和奖励是相关的 5）为了提高设备性能及设备管理 KPI，实施联合创新
04 改善	专业维修人员及生产操作人员之间互相尊重并能进行团队合作： 1）有正式的角色定位及工作分配 2）生产操作人员可以协助专业维修人员进行复杂维修工作 3）生产操作人员积极防止停机及设备故障的发生 4）为了提高设备性能及 KPI，定期一起解决问题

（续）

03 预防	专业维修人员被分配到各个操作区域，与生产操作人员组成工作团队： 1）这种团队共有一些 KPI 及改进目标 2）专业维修人员在维护方面指导生产操作人员 3）有共同解决问题的情况 4）维修计划和生产计划协调一致 5）从生产操作人员层面广泛接受全员维护理念
02 稳健	生产及设备部门均认为有合作的必要： 1）管理层鼓励合作，反对冲突或互责 2）部门之间的合作是基于操作层面的 3）合作是依赖于个人的，并不广泛 4）总体来说冲突有所减少
01 救火	专业维修人员及生产操作人员之间关系较差，常有关于责任分工的争论 生产操作人员认为"我操作、你修理"，而专业维修人员不信任生产操作人员能正确操作设备

（2）M5-2 人员的知识和技能培训（表 2-10）

表 2-10　M5-2 人员的知识和技能培训

05 卓越	生产操作人员拥有更高级的技术分析和改善能力，可以与专业维修人员合作开展工作：机械、电气故障分析，基于设备原始设计方案的优化改善
04 改善	生产操作人员有足够的知识及能力开展设备与过程参数维护工作：设备参数设置、接触件更换、过程参数调整（工艺）
03 预防	生产操作人员接受过正式的有关全员维护的培训，能完成基本的 TPM 工作：5S、清洁、点检、润滑加注
02 稳健	生产操作人员基于非正式的培训或指导，以及自学和交流，对所操作的设备及流程有基本的了解，但缺乏相应的评估体系
01 救火	生产操作人员未受到过有关正确操作或设备维护的计划性的培训或指导

6. M6 紧急维护

M6 紧急维护（表 2-11）的目的是当设备状态劣化或发生故障后，为了恢复其功能和精度，企业应对设备的零件进行检查并选择合适的维修方式，以使其恢复到正常工作状态。在进行紧急性维护管理时，应遵循"宁小勿大""宁少勿多"的原则，紧急维护的策略要向"提高对关键部件的日常检查频率""提高员工的紧急维护技能""减少线上维修时间"转变。

表 2-11　M6 紧急维护

05 卓越	生产操作人员受过规范培训，有资质进行一些更加高级的技术性工作：液压、气动、电机类零部件的修理 紧急维护工作的移交有明确 KPI、流程和计划，并且有相关的后续支持，如培训、物料工具等
04 改善	生产操作人员受过规范培训，有资质进行一些简单的维修和设备参数设置工作。部门紧急维护工作开始向生产部门转移
03 预防	生产操作人员受过规范培训，有资质进行一些简易调整、加注、润滑和紧固的工作
02 稳健	基于已有技能，生产操作人员自愿但不规范地做一些设置、调整、维修
01 救火	生产操作人员没有工具，也不负责任何设备上的技术问题。设备设置、调整、维修或更换全部由维修人员负责

7. M7 性能稼动改善

M7 性能稼动改善（表 2-12）的目的是从设备的性能稼动入手，通过大量的数据分析确认性能稼动的损失单元，精确定位问题所在，通过有效手段来解决设备的性能损失。

表 2-12　M7 性能稼动改善

05 卓越	1）性能稼动率的分解是涵盖性的和明确的： ①对员工的效能指标进行阶段性评估 ②效能指标引导每个人每天的表现 2）用优秀的指标和趋势来预防问题的发生。操作员工关注每日操作问题
04 改善	1）指标涵盖设备性能稼动率管理的所有内容： ①所有的设备效能相关单元均被评估 ②性能稼动率评价指标出现于战略性的、策略性的、导向性的层级 2）性能稼动率的评估涵盖所有设备管理的职能层级： ①团队内部对设备的性能稼动率的策略达成共识 ②每个人理解可适用的性能稼动率并了解其影响因素 3）性能稼动率的瓶颈通过数据挖掘式的分析来驱动改善。操作员工关注每日操作问题

（续）

03 预防	1）建立格式确定的性能稼动率的标准清单： ①管理者选择需要评估的性能稼动的重要指标，如节拍损失、短停机等 ②这些指标根据设备管理的政策和策略进行分组，如维修监控、生产监控或维修生产共同监控 2）性能稼动率的评估分解至班组和个人： ①指标与设备管理策略挂钩 ②指标的特殊公式通俗易懂 ③指标责任人明确 3）性能稼动率评估用于结构化的改善： ①所有的指标都有确定的负责人来负责改善 ②管理层会讨论指标的高低走向 ③每周团队讨论指标瓶颈的问题，并且采取措施
02 稳健	1）高级经理监控效能指标： ①车间月度报表中体现固定的内容 ②设备的性能稼动率在不同区域有横向比较 2）设备管理人员的表现由设备管理的指标评估： ①指标帮助他们聚焦于设备管理的重点方面 ②他们更倾向于结果并致力改善 ③所有的指标不直接控制 3）性能稼动率评估控制是基于一线员工。当指标发生偏离时，没有汇报、分析或解释
01 救火	1）性能稼动的管理策略和需要衡量的指标没有明确联系。设备性能稼动率的好坏取决于主观的情感评价，如节拍和短停机等 2）组织结构中最基层的员工在性能稼动的管理中没有明确具体的指标，只有因为生产效率低或其他问题被批评时才会给其分配指标 3）性能稼动率信息没有结构化适用

8. M8 质量稳定改善

M8 质量稳定改善（表2-13）是指为了保持完美的产品品质（即100% 合格率），需要保持完美的设备状态。从设备的管理层面来探讨产品的品质问题是品质保养活动的前提。

表 2-13　M8 质量稳定改善

05 卓越	1）质量评估的分解是涵盖性的和明确的： ①对员工的效能指标进行阶段性评估 ②质量指标引导每个人每天的表现 2）用优秀的指标和趋势来预防问题的发生。操作员工关注每日操作问题
04 改善	1）指标涵盖设备质量稳定管理的所有内容： ①所有的质量稳定相关单元均被评估 ②质量稳定评价指标出现于战略性的、策略性的、导向性的层级 2）质量判定能力的评估涵盖所有设备管理的职能层级： ①团队内部对质量判定能力的策略达成共识 ②每个人理解可适用的质量判定能力并了解其影响因素 3）质量的瓶颈通过数据挖掘式的分析来驱动改善。操作员工关注每日操作问题
03 预防	1）建立格式确定的用于质量控制的标准清单： ①管理者选择需要评估的质量稳定的重要指标，如返修率、报废率等 ②这些指标根据设备管理的政策和策略被分组至操作层面 2）质量稳定性的评估分解至班组和个人，指标责任人明确 3）质量稳定评估用于结构化的改善： ①所有的指标都有确定的负责人来负责改善 ②管理层会讨论指标的高低走向 ③每周团队讨论质量稳定瓶颈的问题，并且采取措施
02 稳健	1）高级经理监控质量稳定指标： ①车间月度报表中体现固定的内容 ②质量的稳定性在不同区域有横向比较 2）设备管理人员的考核指标中涵盖质量相关因素： ①指标帮助他们聚焦于设备管理的重点方面 ②他们更倾向于结果并致力改善 ③所有的指标不直接控制 3）质量稳定评估控制是基于一线员工。当指标发生偏离时，没有汇报、分析或解释
01 救火	1）质量稳定的管理策略和需要衡量的指标没有明确联系。设备质量稳定性的好坏取决于主观的情感评价，如报废率和返修率等 2）组织结构中最基层的员工在质量稳定的管理中没有明确具体的指标，只有因为生产效率低或其他问题被批评时才会给其分配指标 3）质量稳定信息没有结构化适用

9. M9 时间稼动改善

M9 时间稼动改善（表2-14）的目的是提升设备的时间性的活用度，通过降低换型、换刀、调整、会议沟通、计划停机等的时间损失，将设备的负荷时间最大化，以提升设备的开动率。

10. M10 参数监控

M10 参数监控（表2-15）是识别、控制设备直接影响产品性能表现的过程参数，并对设备的加工程序进行标准的编号、版本、修改、存储、调用管理，确保设备的过程参数和加工程序受控。

表 2-14 M9 时间稼动改善

05 卓越	1）时间稼动率的分解是涵盖性的和明确的 ①对员工的效能指标进行阶段性评估 ②效能指标引导每个人每天的表现 2）用优秀的指标和趋势来预防问题的发生。操作员工关注每日操作问题
04 改善	1）指标涵盖设备时间稼动率管理的所有内容： ①所有的设备效能相关单元均被评估 ②时间稼动率评价指标出现于战略性的、策略性的、导向性的层级 2）时间稼动率的评估涵盖所有设备管理的职能层级： ①团队内部对设备的时间稼动率的策略达成共识 ②每个人理解可适用的时间稼动率并了解其影响因素 3）时间稼动率的瓶颈通过数据挖掘式的分析来驱动改善。操作员工关注每日操作问题
03 预防	1）建立格式确定的时间稼动率的标准清单： ①管理者选择需要评估的时间稼动的重要指标，如换刀时长浪费、换型时长浪费、故障时长等 ②基于停机改善的分析和问题解决周期性地进行，如每日分析日报警、每周分析周报警等 ③这些指标根据设备管理的政策和策略被分组，如维修监控、生产监控或维修生产共同监控 2）时间稼动率的评估分解至班组和个人： ①指标的特殊公式通俗易懂 ②指标责任人明确 3）时间稼动率评估用于结构化的改善： ①所有的指标都有确定的负责人来负责改善 ②管理层会讨论指标的高低走向 ③每周团队讨论指标瓶颈的问题，并且采取措施

（续）

02 稳健	1）高级经理监控效能指标： ①车间月度报表中体现固定的内容 ②设备的时间稼动率在不同区域有横向比较 2）设备管理人员的表现由设备管理的指标评估： ①指标帮助他们聚焦于设备管理的重点方面 ②他们更倾向于结果并致力改善 ③所有的指标不直接控制 3）时间稼动率评估控制是基于一线员工。当指标发生偏离时，没有汇报、分析或解释
01 救火	1）时间稼动的管理策略和需要衡量的指标没有明确联系。设备时间稼动率的好坏取决于主观的情感评价，如停机时长和紧急维护时长 2）组织结构中最基层的员工在时间稼动的管理中没有明确具体的指标，只有当因为停机或其他问题被批评时才会给其分配指标 3）时间稼动率信息没有结构化适用

表 2-15　M10 参数监控

05 卓越	1）设备程序和过程参数的管理用于改善设备效能，员工可以对设备程序和过程参数进行控制 2）设备程序和过程参数控制完全符合 ISO 9001 标准体系：所有的程序和过程参数有正式的编码、修订和分布控制。所有的程序和过程参数是电子化的存储，并且有标引和检索功能，可进行快速和简易检索。这些程序完全嵌入数据库，如 SQL 数据库。程序和过程参数的变更是经过全面考虑并且有效的：系统与其他过程整合确保生命周期
04 改善	1）设备的程序有规范化的审核与评估，一组工具或规定、计划、业务流程和信息系统被用于设备程序的管理与防呆防错 2）设备的程序有规范化的审核与评估，一组工具或规定、计划、业务流程和信息系统被用于设备过程参数的管理与防呆防错
03 预防	1）设备的程序有标准化的管理方法，包括备份方法、责任人、备份周期、备份位置等 2）设备的过程参数有完整的识别与定义，并且在现场有可视化展示，员工知晓过程参数对产品要求的影响
02 稳健	1）设备程序偶尔备份，发生程序故障时，可以迅速恢复，但不能保证时效 2）对设备的部分过程参数有定义与识别
01 救火	1）对设备的程序没有管理，当发生 NC（Numerical Control，以下简称 NC）程序或 PLC（Programmable Logic Controller，以下简称 PLC）程序故障时，不能迅速恢复 2）对设备的过程参数没有识别与定义，或者说，不能明确设备上影响产品要求的参数定义

11. M11 F-FMEA

M11 F-FMEA（表2-16）即设备故障模式影响分析（Failure Mode and Effects Analysis），它针对设备运行过程及设备停机状态中的失效模式进行分析，确定失效后果，失效原因，预防、探测手段，然后制订改善措施。其目的在于对设备潜在失效模式及后果分析的方法做出规定，对设备停机风险做出风险管控。它是一种预防性分析技术和有针对性的预测性维护，是提高设备可靠性的有效方法。

表2-16　M11 F-FMEA

05 卓越	故障管理的过程可以与现场设备直接互联，当故障发生时，过程可以自动被触发，所有的相关职能会立即响应，所有的故障过程被系统性监控和管理
04 改善	所有故障管理的流程已生成相应书面文件和正式化，并且在运行过程中向着减小损失的方向不断更新。故障管理的组织结构有明确的层级，确保全员性
03 预防	关键故障关联的流程与过程已生成相应书面文件和正式化。单点课程在工作区域被运行。故障管理的组织结构有定义
02 稳健	1）部分故障关联流程被定义，并已生成相应书面文件，以控制或遵守 2）流程或过程目视不便或使用不便
01 救火	故障关联流程与过程没有生成相应书面文件。当故障发生的时候，生产人员或维修人员凭借直觉或经验操作。无持续性导致延期、设备出现问题、浪费和失效

12. M12 数据可视化

M12 数据可视化（表2-17）是利用形象直观、色彩适宜的各种视觉信息和感知信息来组织现场生产活动，从而提高劳动生产率的一种管理方式。可视化管理是能看得见的管理，能够帮助员工直观地看出工作的进展是否正常，并能迅速做出判断和决策。在现场巡视时，现场管理人员可以通过可视化工具了解同类型设备的运行速度是否有异常情况，掌握人机稼动、物品流动等是否合理、均衡。

表 2-17 M12 数据可视化

05 卓越	1）数据库被嵌入到 HMI（Human Machine Interface，人机交互界面）系统，当故障发生时，操作员工可以在现场立刻响应 2）所有的故障都用预防措施来控制 3）信息管理伴随着组织结构的全生命周期 ①员工规律地创建单点课程或规范单一过程 ②信息系统的入口得到了外部资源支持，如供应商、对标企业、网站等 ③员工以使用小组为单元参与经验分享 ④在规律的内部管理会上讨论信息管理
04 改善	1）所有的故障相关数据都被记录在数据库中，并且数据库是随故障触发更新的 2）定义预防故障再发的措施 3）信息管理成熟有效 4）信息管理明确了专职负责人 5）信息管理系统得到了良好的运行和使用 6）信息系统的入口已经条款化和信息化，有清晰的说明 7）问题的解决方案已经生成相应的书面文件，具有指导意义
03 预防	1）确定的故障可以对应到确定的停机时间、确定的质量问题或确定的节拍损失。同时，对应确定的故障有确定的控制方法 2）信息管理已经标准化，尽管有些不成熟 3）关键信息管理的过程和标准已经被定义 4）信息可以以固定的标准格式被有经验的人生成相应的书面文件 5）信息在现场可直接获得 6）信息和相关的条款已经分发给相关的员工
02 稳健	1）故障的定义和效率损失关联，但无控制方法 2）信息在非正式条件下得到了分享。部分有经验的人培训新员工，部分操作流程、故障处理、标准设定的单点课程存在。文件的存储方式非标准，有纸质版也有电子版
01 救火	1）信息管理系统不存在，导致经验没有被记录，不能与他人分享，所以员工不断重复同样的错误且不进行经验总结 2）故障的定义不存在

13. M13 备件控制

M13 备件控制（表 2-18）是一项复杂的工作，是物料管理的重要组成部分。备件入库建账后，应当由备件管理人员按照相应程序和相关制度认真保存、精心维护，以保证备件存储质量，同时企业应制订一些规章制度，对备件出入库的相关事项进行说明。通过对备件使用的动态统计和分析即可掌握备件的消耗规律，逐步修正储备定额，合理利用备件。这对及时处理备件积压、加速资金周转起着重要作用。

表 2-18　M13 备件控制

05 卓越	1）备件控制制度全面整合供应链的制度和过程： ①整合了组织结构、采购制度和过程 ②整合了财务制度和过程 ③整合了操作备件管理制度和过程 ④强调关于数据效率和技术使用的设备管理制度 2）备件优化是持续改进内容的一部分 ①员工和供应商均参与到识别减少库存以及提高服务等级的工作中。基于有效的信息，不同的工具和技术被用于分析及优化库存 ②风险基础工具被积极地用于优化库存等级
04 改善	1）备件控制制度优化备件管理功能的表现： ①每个管理备件目录的方法都被全面优化 ②备件交付的指标被定义和评估 ③平衡工作的成本和设备的收益 ④得到所有设备管理部门的理解和支持 2）备件优化活动是成熟的： ①通过浪费分析可以识别出标准化和合并的可能 ②备件清单和制度被用于减少库存 ③基于降低时间成本和库存的目的精简流程 ④库存和快速响应交付向着可行性高的方向优化
03 预防	1）有正式的备件管理制度，并有执行的过程： ①备件控制作为设备管理制度的一部分 ②备件控制是基于成本导向的关键分析 ③备件管理方法根据条目定义 ④备件控制旨在平衡成本和设备效率 2）备件优化是一种常规管理措施： ①主要的目标是成本驱动设备管理 ②优化能使设备管理制度满足指标要求 ③首轮循环分析完成 ④潜在的可改善部分被识别并分级 ⑤备件的库存量由设备等级和瓶颈值决定
02 稳健	1）存在一定的备件管理的制度和指导，但并不是基于科学的分析： ①依据整个库存消耗定义指标 ②备件的管理拥有合规的流程 ③仍有因缺少备件导致的停机状况出现

（续）

02 稳健	2）部分非正式的备件优化完成： ①财务及备件库存作为主要指标，生产制造不作为主要因素 ②用成熟、可靠的材料进行机械设计 ③主要的目的是降低工作成本
01 救火	1）备件的管理没有正式的制度或执行的过程，这导致了在如订货、入库、出库、现场管理监控和盘点的备件管理过程中常出现阻力和困难 2）库存数量与订购目标无关，并且与交付无关。指标的计算方式并不明确，设备管理的有效性很低

14. M14 易损件控制

M14 易损件控制（表 2-19）是以建立精益化库房管理模型为目的，以单件成本为控制基础，实现易损件采购、储存、发放、使用、反馈的完整管理，在保证设备维护工作及时性的同时，为企业节约成本。

表 2-19　M14 易损件控制

05 卓越	1）易损件控制全面整合供应链的制度和过程： ①整合了组织结构、采购制度和过程 ②整合了财务制度和过程 ③整合了操作易损件管理制度和过程 ④强调关于数据效率和技术使用的设备管理制度 2）易损件优化是持续改进内容的一部分 ①员工和供应商均参与到识别减少库存以及提高服务等级的工作中。基于有效的信息，不同的工具和技术被用于分析及优化库存 ②风险基础工具被积极地用于优化库存等级
04 改善	1）易损件控制制度优化易损件管理功能的表现： ①每个管理易损件目录的方法都被全面优化 ②易损件交付的指标被定义和评估 ③平衡工作的成本和设备的收益 ④得到所有设备管理部门的理解和支持 2）易损件优化活动是成熟的： ①通过浪费分析可以识别出标准化和合并的可能 ②易损件清单和制度被用于减少库存 ③基于降低时间成本和库存的目的精简流程 ④库存和快速响应交付向着可行性高的方向优化

（续）

03 预防	1）有正式的易损件管理制度，并有执行的过程： ①易损件控制作为设备管理制度的一部分 ②易损件控制是基于成本导向的关键分析 ③易损件管理方法根据条目定义 ④易损件控制旨在平衡成本和设备效率 2）易损件优化是一种常规管理措施： ①主要的目标是成本驱动设备管理 ②优化能使设备管理制度满足指标要求 ③首轮循环分析完成 ④潜在的可改善部分被识别并分级 ⑤易损件的库存量由设备等级和瓶颈值决定
02 稳健	1）存在一定的易损件管理的制度和指导，但并不是基于科学的分析： ①依据整个库存消耗定义指标 ②易损件的管理拥有合规的流程 ③仍有因缺少易损件导致的停机状况出现 2）部分非正式的易损件优化完成： ①财务及备件库存作为主要指标，生产制造不作为主要因素 ②用成熟、可靠的材料进行机械设计 ③主要的目的是降低工作成本
01 救火	1）易损件的管理没有正式的制度或执行的过程，这导致了在订货、入库、出库、现场管理监控和盘点的易损件管理过程中常出现阻力和困难 2）库存数量与订购目标无关，并且与交付无关。指标的计算方式并不明确，设备管理的有效性很低

15. M15 工装工具控制

M15 工装工具控制（表2-20）是将工装工具进行规范的管理，既设计要考虑柔性和通用性，降低换型的效率损失，又要平衡成本，降低投入产出比。在生产现场，工装工具应标准化制订、可视化分区、流程化使用。

16. M16 持续改进

M16 持续改进包括两个方面，一方面是设备管理的持续改善，为了追求设备效率的最大化，用最小的投入产生最大的效果，最大限度地发挥出设备的性能而采取的消除损耗的具体活动；另一方面是设备的先期管理，对采购的设备和自制的设备就技术要求以及经济效益进行经验总结，在选型采购（包括调查研究、规划设计、设备制造等）、安装调试、设备验收等环节进行全面管理。

表2-20　M15　工装工具控制

05 卓越	1）工装工具控制全面整合供应链的制度和过程： ①整合了组织结构、采购制度和过程 ②整合了财务制度和过程 ③整合了操作工装工具管理制度和过程 ④强调关于数据效率和技术使用的设备管理制度 2）工装工具优化是持续改进内容的一部分 ①员工和供应商均参与到识别减少库存以及提高服务等级的工作中。 基于有效的信息，不同的工具和技术被用于分析及优化库存 ②风险基础工具被积极地用于优化库存等级
04 改善	1）工装工具控制制度优化工装工具管理功能的表现： ①每个管理工装工具目录的方法都被全面优化 ②工装工具交付的指标被定义和评估 ③平衡工作的成本和设备的收益 ④得到所有设备管理部门的理解和支持 2）工装工具优化活动是成熟的： ①通过浪费分析可以识别出标准化和合并的可能 ②工装工具清单和制度被用于减少库存 ③基于降低时间成本和库存的目的精简流程 ④库存和快速响应交付向着可行性高的方向优化
03 预防	1）有正式的工装工具管理制度，并有执行的过程： ①工装工具控制作为设备管理制度的一部分 ②工装工具控制是基于成本导向的关键分析 ③工装工具管理方法根据条目定义 ④工装工具控制旨在平衡成本和设备效率 2）工装工具优化是一种常规管理措施： ①主要的目标是成本驱动设备管理 ②优化能使设备管理制度满足指标要求 ③首轮循环分析完成 ④潜在的可改善部分被识别并分级

（续）

02 稳健	1）存在一定的工装工具管理的制度和指导，但并不是基于科学的分析： ①依据整个库存消耗定义指标 ②工装工具的管理拥有合规的流程 ③仍有因缺少工装工具导致的停机状况出现 2）部分非正式的工装工具优化完成： ①用成熟、可靠的材料进行机械设计 ②主要的目的是降低工作成本
01 救火	1）工装工具的管理没有正式的制度或执行的过程 2）库存数量与订购目标无关

（1）M16-1 管理机制（表 2-21）

表 2-21　M16-1 管理机制

05 卓越	1）持续改进工作深入全员日常工作，形成持续改进文化 2）跨部门间的合作频繁自主、自发开展，至少每季度有 3 项
04 改善	持续改进管理深入到 KPI 管理层级，评估跟踪到数量、投入产出比
03 预防	具备正式的持续改进管理流程，规定了持续改进的工作范围和开展流程 具备持续改进项目开展必需的技术、人力、物资支持
02 稳健	无正式的持续改进管理流程，但是管理层已具备持续改进的意识且以例会的形式回顾工作并鼓励员工开展全员改进行动
01 救火	无明确的持续改进管理流程，部分改进行为取决于员工随机推动

（2）M16-2 设备先期管理（表 2-22）

表 2-22　M16-2 设备先期管理

05 卓越	具有来自公司层面足够的资源和策略支持，鼓励内部团队参加甚至主导设备的先期管理，而不是完全依赖供应商
04 改善	具备正式的设备先期管理流程，生产、维修将积累的经验提供给规划部门，支持新设备、新生产线的采购过程以避免可预见的不良设计
03 预防	无正式的设备先期管理流程，但是生产、维修、规划部门已经基于过往的设备表现和经验建立了瓶颈设备清单，针对这些设备在全生命周期计划性地开展改善工作
02 稳健	无正式的设备先期管理流程，但是生产已经开始推动规划部门开展一些对于重复性设备问题的改善
01 救火	生产部门没有设备先期管理的意识，认为这些是规划部门的工作，经常抱怨不合理的设计导致恶劣的结果

2.1.4　4 步走战略

4 步走战略是推进评价体系的工作方向得以实施的四个阶段：第 1 步稳健、第 2 步预防、第 3 步改善、第 4 步卓越（图 2-4）。

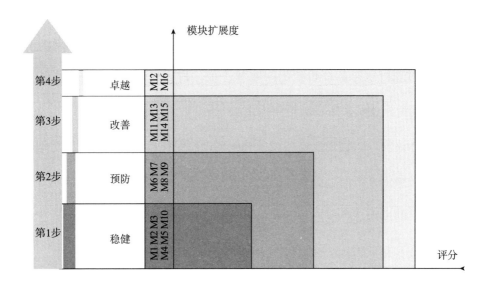

图 2-4　4 步走战略

2.1.5　两大评价体系

两大评价体系即指指标评价体系和过程评价体系。建立这两大评价体系的初衷在于能够客观标准化地评价某台设备管理的水平。根据 iTPM 的内容，依托 5 个支柱与 16 个模块，建立了指标评价与过程评价两大评价体系。上文中提到，指标评价，即利用生产数据系统提供的实时数据，客观体现各个 TPM 执行组织所负责设备的开动率、生产效率和维护工作完成情况等指标。而过程评价则是结合了有关国际资产管理中 TPM 的学术理论和智能制造的发展需求，以及"5 个支柱和 16 个模块"。生产相关的各部门人员组成评价小组，依据构建的细化检查清单对 TPM 执行及管理进行评分和等级审核。客观指标与主观指标相辅相成，从而综合性地展示出各部门的资产设备维护管理水平。

指标评价与过程评价互为映射，不仅可以量化设备管理的水平，也为设备管理人员（如操作工和维修工）提供了整改的明确方向。评价体系可以通过对现行状态的评价找出问题和不足，制订改善措施并完善理论体系，从而使设备的状态不断得到优化。

指标评价可以直观地描述设备的能力，而保证设备长期高效稳定地输出，则必须依靠全面、可靠、稳定的过程评价。通过过程评价可以明确模块化推广的进程，确保过程的稳定输出，并能迅速定位指标评价不达标的问题所在和整改方向，确保"先基础再提升"，有的放矢，由浅入深。两大评价体系与 4 步走战略相结合，每一步的推进都有涵盖设备管理不同方面的明确指标和模块化推进由少到多、由浅入深的推进步骤，并在现场建立可实施的评价模式和体系推广管理方法。

1. iTPM 评价现场实施工具

为了简化过程评价的步骤，让设备责任人能够真正掌握评价体系的要求，特将 16 个模块的细化标准简化为容易在现场实施的 iTPM 模块检查清单。iTPM 模块检查清单旨在简易、清晰、具体地展示在该模块框架下的指标，以此简化过程评价的步骤，是一个可以根据现场实际情况不断进行优化更新的评价工具。下文将会详细地将 16 个模块框架下的 iTPM 模块检查清单进行展开说明（表 2-23~ 表 2-38）。

表2-23　M1 安全与5S（现场评价工具）

M1		安全与5S					
评价等级	描述	硬件（文件、工具、用品）	Y	N	软件（实施）	Y	N
1 使用劳保用品且区域干净整洁	劳保用品齐全	护目镜、劳保手套、安全锁			进入设备间时挂安全锁、戴护目镜和劳保手套		
	员工按照岗位安全"四清楚"卡的要求正确穿戴劳保用品	岗位安全"四清楚"卡			按日常生产着装要求穿戴劳保用品		
	地面、桌面无油污、铁屑	吸油纸、吸油棉、扫把			油污、铁屑、生活垃圾及时清理		
2 5S文件和现场物品摆放有规定	5S标准文件是最新版本	5S标准文件			检查现场5S标准文件是否为最新版本		
	现场物品摆放有规定	一物一位			所有物品均有放置在规定区域内		
3 安全风险有标识，风险源清晰可见	员工熟悉本工位安全风险	吊具、机床、电柜、地面油污、地面管路、高温高压区域			使用有风险设备时设置警戒标识，使用完放回规定区域		
	所有风险源清晰可见	本工位安全隐患点安全风险标识			风险标识放置在风险源醒目位置		
4 员工主导5S和提出合理化建议	安全隐患整改完成记录，且有标识	安全隐患整改文件			每三个月有一条案目完成实施		
	5S相关合理化改善	全员改善提案表					

表 2-24　M2 设备分级（现场评价工具）

M2			设备分级					
评价等级		描述	硬件（文件、工具、用品）	Y	N	软件（实施）	Y	N
1	有设备分级规则的文件支持	有设备分级文件	设备等级划分原则			员工明确设备分级文件存放位置		
1	设备有（可视化的）分级	员工明确该设备等级	设备等级标识			设备等级标识放置在可视化展板上		
2	分级规则是基于设备能力损失和修复难度（常规能力损失分析）	分级规则是基于设备能力损失和修复难度	备件策略、接触件策略			生产准备易损件、维修准备高风险备件		
		员工明确分级规则				员工可说明分级原则		
3	有常规的常有追踪清单和提出解决措施的会议，且是基于数据分析	有难修复故障问题清单	设备保修记录表			设备保修记录表按规则填写完整		
		会议有追踪清单目基于数据分析（修复时间、发生次数）	车间开口项列表、问题目视板			生产工程师、段长、班长每周澄清		
4	设备的分级原则决定备件的管理策略	根据设备等级确定难修复问题清单	备件管理清单			备件管理清单基于设备备件等级持续改进		
		基于设备等级制订备件管理库						

表2-25 M3 深度清洁和点检（现场评价工具）

M3		深度清洁和点检					
评价等级	描述	硬件（文件、工具、用品）	Y	N	软件（实施）	Y	N
1 难接触的部位如夹具、工具车、工装等与油污隔离	工位有专用工具车、工装、工具	长毛刷、夹具、清洗液、喷壶、WD40（金属除湿防锈剂）、六方扳手			工具整齐放置在工具车上，工具车远离油污		
1 操作员工注意深度清洁与日常点检	设备有日常点检表	日常点检表			按日常点检表完成工作并正确填写表单内容		
2 员工对设备的深度清洁和点检是基于正式标准作业指导书及日程（点检表/TPM计划）	员工能按照深度清洁和点检要求对设备进行日常点检（点检保留3个月）	日常点检表			每日按日常点检表进行点检		
		PM工单项			每周按PM工单项进行点检		
3 深度清洁和点检标准（日程）涵盖所有设备相关零件	该设备有点检清洁周计划、日计划，员工按照计划执行；设备所有零件均体现在标准作业指导书中	标准作业指导书			卡盘、护板、电机、支撑架、滤芯、夹具在标准作业指导书中均有提及		
4 员工在其责任区主导深度清洁和点检	员工可按计划要求保质保量完成工作				员工熟悉本工位工作计划并按时完成，不需要班长提醒		

（续）

M3　深度清洁和点检

评价等级	描述	硬件（文件、工具、用品）	Y	N	软件（实施）	Y	N
4	员工主导深度清洁和点检的持续性改善，如作业指导或工具 员工主动对PM计划表进行指导并提出使用工具的合理化建议	全员改善提案表			每3个月有一条提案且完成实施		
4	点检由可视化技术与自动监测支持 点检有可视化自动监测	网盘			员工了解掌握网盘用法		

表2-26　M4　计划性维护（现场评价工具）

M4　计划性维护

评价等级	描述	硬件（文件、工具、用品）	Y	N	软件（实施）	Y	N
1	PM计划表以及标准作业指导书被创建和维护，至少是手动录入的 该工位有PM计划表和标准作业指导书	标准作业指导书			有标准作业指导书		
		PM计划表			有PM计划表		
2	PM计划表（可跟踪任务）由维护管理系统自动触发 PM计划表由维护管理系统自动触发	维护管理系统			员工按预防性维护工单完成工作		
		预防性维护工单			员工会用工单打印功能		
2	员工针对设备维护的任务，技能和业绩（TPM完成率/完成质量）已定义 有工位完成质量检查记录以及完成率（保留3个月）	问题记录单			记录工时，问题项填写工单、反馈到班长		
		维护管理系统中维护计划演练、工时统计			维护管理系统中维护计划完成率有TPM完成率检查		

序号				
3	PM 工作的交叉互查由维修和生产完成	PM 完成后能与维修人员协商，相互检查（保留记录）	两部门工单	按检查记录表两部门班长签字并按工单进行问题整改
3	过去的 1 个月中，PM 按照协商好的目标（PM 按时完成率）完成	过去 1 个月能按照计划按时完成 PM 任务	维护管理系统中维护计划演练	检查的 1 个月中全部按时完成任务
		与维修协商 PM 的安排策略，维修与生产同时完成的每一任务（时间、人员、空间）	维修完成率、生产完成率	
4	战略任务的定义和转移基于历史数据的分析与改善效果，至少 1 年优化 1 次	基于历史数据改善 PM 工单项（1 年 1 次）	年度车间 PM 优化记录	基于数据分析改善（工程师）
		EM 输入为 PM（触发），手动记录维护管理系统中的每一小项		生产部门和维修部门共同记录 EM 修复项，工程师将其合理化转化为 PM 工作
4	基于员工的 PM 进行持续改进提案	员工对 PM 进行持续化改善提案（3 个月 1 次）	全员改善提案表，PM 优化	员工提出有效的合理化改善
4	过往的 4 个月 PM 任务都按时完成	有该设备过去连续 6 个月完成率（基于维护管理系统数据）	维护管理系统中维护计划演练	检查 6 个月数据，是否全部按时完成

表2-27　M5 岗位职责与技能提升（现场评价工具）

M5 评价等级	描述		岗位职责与技能提升					
			硬件（文件、工具、用品）	Y	N	软件（实施）	Y	N
1	生产部门及维修部门均认为有合作的必要，基础技能由自学获得而不是通过系统培训和指导	生产部门与维修部门有合作的任务，员工能主动学习掌握任务技能；维修部门与生产部门共同进行会议，有PM/EM移交流程和移交原则	基础技能考核题			建立合作关系，考试成绩达标，实操考核通过		
2	生产部门和维修部门建立一个工作层面的TPM团队以未解决日常操作问题。生产人员在系统培训后，负责清洁、加注和点检工作	生产人员接受维修培训后，培训内容可自行完成；建立维修员工与生产工、班长与段长、段长与段长的沟通机制	培训记录表、培训计划、培训考核记录（理论、实操）；维修生产分配内容			维修人员按维修生产分配内容对生产人员进行系统培训，现场小考核；员工遇到问题可直接与该工位维修负责人沟通解决		
3	一个TPM团队共享KPI和改进目标，生产人员在经过培训之后，参与一些复杂的维护工作	生产人员经过维修人员培训，可参与复杂设备的维护工作	培训记录表；维修生产分配内容			接受复杂维护专项培训，并考核通过		
4	TPM团队的建立是以实现良好设备表现为目的的，成员是具有专业技能的生产与维修人员，他们能够根据经验对设备的规划设计提出合理的改进建议	生产人员与维修人员经过培训，对复杂维护有合理化改善	全员改善提案表			员工每3个月提出一条合理化建议，并完成实施		

表 2-28 M6 紧急维护（现场评价工具）

M6	描述	L	Y	N
紧急维护				
	基于已有技能，生产操作人员自愿地做但却是不规范地做一些设置、调整、维修	1		
	生产操作人员受过规范培训，有资质进行一些简易调整、加注、润滑和紧固的工作	2		
	生产操作人员受过规范培训，有资质进行部分紧急维护工作（如短暂停机机的处理或设备的调整设置），部门紧急维护工作开始向生产部门转移	3		
	生产操作人员受过规范培训，有资质进行一些更加高级的技术性工作，如液压、气动、电机类零部件的修理。并且有相关的后续支持，如培训、物料工具等。紧急维护的移交有明确 KPI，流程和计划	4		

表 2-29 M7 性能稼动改善

M7	描述	L	Y	N
性能稼动改善				
	性能稼动率指标偶尔被监测和横向比较，但当指标发生偏离时，没有汇报、分析或解释	1		
	性能稼动率指标被细化拆解，有重点、有不同的责任部门/人，按周期测评估与分析，并采取措施	2		
	性能稼动率的指标细化至最小单元，并能驱动稼动改善。所有人理解性能稼动改善的影响因素并为之改善。操作员工关注每日操作改善	3		
	效能指标引导每人每天的表现。优秀的指标和趋势是被用来预防问题的发生。操作员工关注每日操作问题	4		

表2-30 M8 质量稳定改善

M8	描述	L	Y	N
质量稳定改善	质量稳定性指标偶尔被监测和横向比较，但当指标（如报废率、返修率、一次下线合格率等）发生偏离时，没有汇报，分析或解释	1		
	质量稳定性指标被细化拆解，有重点，有不同的责任部门／人，按周期评估与分析，并采取措施	2		
	质量稳定性的指标细化至最小单元，并能驱动质量稳定性指标的影响因素并为之改善。操作员工关注每日操作问题	3		
	质量指标引导每个人每天的表现。优秀的指标和趋势是被用来预防问题的发生。操作员工关注每日操作问题	4		

表2-31 M9 时间稼动改善

M9	描述	L	Y	N
时间稼动改善	时间稼动率指标偶尔被监测和横向比较，但当指标发生偏离时，没有汇报，分析或解释	1		
	时间稼动率指标被细化拆解，有重点，有不同的责任部门／人，按周期评估与分析，并采取措施	2		
	时间稼动率的指标细化至最小单元，并能驱动时间稼动率的影响因素并为之改善。操作员工关注每日操作问题	3		
	效能指标引导每个人每天的表现。优秀的指标和趋势是被用来预防问题的发生。操作员工关注每日操作问题	4		

表2-32 M10 参数监控（现场评价工具）

M10			参数监控				
评价等级	描述		硬件（文件、工具、用品）	Y	N	软件（实施）	Y	N
1	设备程序有备份，过程参数有定义与识别	有设备工艺程序备份	工艺程序备份文件				
			过程控制参数指导书				
2	有标准化的设备程序管理，对过程参数有完整的定义和识别	员工熟悉设备过程参数文件内容，且现场有订制	公共盘工艺程序相关文件			员工能在公共盘中找到相关工艺程序文件	
3	有标准化的设备程序管理系统，涵盖策略、计划、过程和信息	有专人按计划对设备程序进行备份管理	标准化设备管理程序			有专人按时间计划及变更记录对程序进行备份	
			程序备份管理软件			程序管理人可用程序备份管理软件对备份程序进行管理	
4	所有的设备程序都有标准的数字编号，不同版本之间有修正和权限控制，所有的程序的存储参数是电子化或自动化的	所有设备工艺程序有标准数字编号				所有设备工艺程序有标准数字编号	
		修改设备工艺程序参数有权限控制	现场变更管理记录			修改设备工艺程序参数有权限控制	
		程序和过程参数存储可实现自动化				程序和过程参数储存实现自动化	

表 2-33　M11 F-FMEA（现场评价工具）

M11	描述	F-FMEA			
		L	Y	N	
	具有一些故障解决方法的记录	1			
	具有关键故障解决方法的记录	2			
	对所有故障解决方法进行记录，现场操作人员会使用该类文件协助解决现场问题	3			
	基于智能互联，建立现场系统化的故障管理系统并直接用于现场	4			

表 2-34　M12 数据可视化（现场评价工具）

M12	描述	数据可视化			
		L	Y	N	
	有纸质文件可以体现故障与效率损失之间的联系	1			
	对经验和知识进行记录并共享到全车间	1			
	有相关的知识和经验管理的标准目形成文件	2			
	记录所有知识和经验且进行系统化管理，并明确负责人	3			
	文件存于工控机中，文本化的相关知识和经验可以在现场直接由操作工运用	4			
	操作工参与到知识和经验的共享中	4			

表 2-35 M13 备件控制（现场评价工具）

M13	备件控制		L	Y	N
	描述				
	备件清单尚不完整，存在通用备件管理的制度和指导，但并未基于科学考量，如备件库存量与使用寿命匹配分析等		1		
	生产与维修共同确定了完整的备件清单，通用备件管理的制度和指导基于平衡成本以及保障设备稳定运行而制订		2		
	备件保障能力被量化评估，通过追踪分析这些量化标准，实现制度和指导的持续改善		3		
	备件控制制度全面整合供应链的制度和流程		4		

表 2-36 M14 易损件控制（现场评价工具）

M14	易损件控制		L	Y	N
	描述				
	易损件清单尚不完整，存在通用易损件管理的制度和指导，但并未基于科学考量，如易损件库存量与使用寿命匹配分析等		1		
	生产与维修共同确定了完整的易损件清单，生产具备足够的操作技能，通用易损件管理的制度和指导基于平衡成本以及保障设备稳定运行而制订		2		
	易损件保障能力被量化评估，通过追踪分析这些量化标准，实现制度和指导的持续改善		3		
	易损件控制制度全面整合供应链应的制度和流程		4		

表2-37 M15 工装工具控制（现场评价工具）

M15	工装工具控制			
	描述	L	Y	N
	工装工具清单尚不完整，存在通用工装工具管理的制度和指导，但并未基于科学考量，如建立工装工具采购细则（频率-量）与历史消耗数据分析等	1		
	生产确定了完整的工装工具清单，对于一些特殊工装工具的确定能得到来自维修部门和ME部门的支持，通用工装工具管理的制度和指导基于平衡成本以及保障设备稳定运行和减轻劳动强度而制订	2		
	工装工具保障能力被量化评估，通过追踪分析这些量化标准，实现制度和指导的持续改善	3		
	工装工具控制制度全面整合供应链的制度和流程	4		

表2-38 M16 持续改进（现场评价工具）

M16	持续改进			
	描述	L	Y	N
	没有一个正式的流程或管理制度来持续组织员工开展改进活动或针对某台设备的设计缺陷开展改进工作，但管理团队鼓励这种行为，且员工自发有时可见	1		
	建立了全员改进的管理机制，但是涉及跨部门组织对某台设备的设计缺陷开展开的改进工作仍缺乏规范流程，但管理团队鼓励这种行为，且员工自发有的行动实例可见	2		
	建立了全员改进活动的管理机制和跨部门合作改进流程，持续改进管理深入到KPI管理层面，跟踪并评估投入产出比	3		
	持续改进工作深入全员日常工作，形成持续改进文化；跨部门间的合作频繁自主，自发开展并扩展到利用供应商资源开展持续改善，合作改善项目至少每季度有3项	4		

2. iTPM 评价现场实施步骤

iTPM 评价现场的实施步骤为先指标、后过程。评价之前，需要先确认待评价设备的目标等级。根据指标评价的系统数据计算公式得到设备的实际表现，所有的数据均取自更加可靠稳定的生产制造信息系统，而不是来自手动记录的数据。对比设备的实际指标是否能符合目标等级的要求，如果指标评价满足目标等级的要求，即可进行过程评价。根据过程评价模块矩阵确认待评价模块，对每一个涉及模块均使用 iTPM 模块检查清单进行评价，并计算模块的得分。最终对比模块矩阵得分是否符合待评价等级的要求。

3. iTPM 评价现场实施模式

采用基层设备管理评价小组的模式作为 iTPM 评价现场的实施模式。iTPM 评价体系建立之后，首先选取一个车间作为评价试点。在 2017 年 5 月至 2017 年 12 月这段时间当中，通过 14 轮评价的不断改进，优化升级了评价标准，同时组建起以基层设备管理者—生产班组长、维修班组长、生产工段长、生产工程师为主体的 SWC（标准作业检查）评价小组。SWC 评价小组的模式取代了最初设计的以 L4 高级经理为主的评价小组模式，其意义在于让设备负责人更加了解评价的结果与导向，为设备管理的优化和效率提升奠定坚实的现场基础。

4. 日常运营阶段

iTPM 依托结构化的沟通响应机制，从上至下在厂长至生产线负责人层面上均建立了周期性的规范运营。保证每日有 PDCA、每周有重点、每月有推动、季度有总结。从基层管理者即班长层面就形成有关 iTPM 理念的良好习惯与素养，将 iTPM 真正落实到生产基层，从下至上地将 iTPM 有效地运营起来。

▶▶ 2.2 iTPM 管理团队的建立

2.2.1 核心团队

iTPM 策略实践过程的参与方由传统的仅生产和维修两个部门主体扩延至中外办公室、规划工程部、信息技术部等，在清晰的角色定位基础上开展深度合作，一改流程的繁复与桎梏，集中资源解决问题，追本溯源，将问题的解决方法反馈到规划源头，直接对工艺设计构思产生影响，实现生产流程整体最佳化，成本最优化，使企业改善成果最大化。通过定义各部门的职责和权限澄清了工作界面。结构化、周期化的工作交流平台，使问题的升级透明化，问题的解决有效化。每个层级在工作层面都能有效解决 90% 以上的问题，每个职能岗位都能在信息流内透明共享信息。

公司层面建立的多层级的监督和执行组织机构在 iTPM 策略中具有指导性和战略性意义，iTPM 核心团队组织架构如图 2-5 所示。

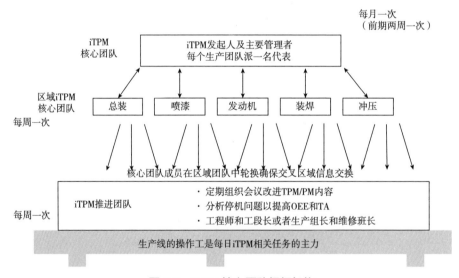

图 2-5　iTPM 核心团队组织架构

项目实践的执行层在生产车间，生产线的操作工是每日 iTPM 相关任务的主力。iTPM 首先在各车间的生产一线进行普及。各生产部门和维修部门成立了推进团队，针对各车间的生产结构特点，将通用的 iTPM 策略加以本地优化。推进团队结合各车间的实际情况组织各车间之间的参观交流，体系的通用性和特点得到了不断的完善。

iTPM 核心团队的另外一个主要任务是培训工作，以增强基层员工对于 iTPM 的认同感。在整体团队的组织架构中，一个由管理层，包括副总裁和总经理组成的核心团队，可推动、督促厂长和一线管理人员直接得到分配任务，使 iTPM 推进团队的推广工作效率得到提升。

2.2.2　车间管理

iTPM 在车间管理方面实现了全方位的创新。iTPM 策略的建立是以设备操作者为核心的现场设备管理模式，强调由操作者主导对设备效率的优化，通过建立操作工与维修工之间的"直线响应模式"，取代原有的操作工升级操作班长—操作班长反馈至维修班长—维修班长分派任务给维修工的"抛物线式响应方式"，大幅降低了设备维护的时间成本。通过实施 iTPM 策略，让操作工掌握自主保养的技能，维修工才有时间投入到高度专业的设备维护技能提升上，更有利于生产技术人员提升免保养的设备计划能力。这也加强了设备所有者的主人翁精神和合作意识，避免了不同部门之间因此造成的矛盾。对企业而言，这意味着工作效率的提升，员工满意度的提高，给企业带来竞争活力。

在车间管理方面，"自上而下"的监督机制以及"自下而上"的执行与反馈机制也实现了。基层的操作工直接负责执行每日的 TPM 工作，其上一级的班组负责人负责每周的监督、辅助 TPM 工作，同时生产线负责人每周会对 TPM 进行检查及指导工作。在处于基层的执行层外，决策层也有相应的工作。车间负责人及上文提到的核心团队主要负责对 TPM 工作进行月度的评价及放行，相应的评价工作以月度会议及现场检查的形式进行。再上层的工厂负责人也会对相应的决策及执行情况进行月度的审核，以便对现场的工作进行监督与管控。

如此进行的车间管理是 iTPM 策略在现场管理工作方面的重要革新与关键一环。

2.2.3　培训管理

iTPM 的日常运营管理涉及多部门的深度合作，参与者涵盖从领导者到一线所有员工，想要达到全员生产维护的目标，需要参与者具备一定程度的相关知识。如前文所述，iTPM 的设备管理模式强调以设备操作者为核心，强调由操作者主导对设备效率的优化，建立操作工与维修工之间的"直线响应模式"，其中不同岗位角色需要互相交流，以拓展自身技能和综合素质。通过开展有针对性的培训，可以帮助参与者高效提升所需技能。在此过程中，必须进行有效的培训管理，保证培训在程序、制度、内容、技术和方法等各个方面的有效实施，从而挖掘员工的自身潜能和价值，助力 iTPM 的高效推广和管理运营。

1. 培训类型

对于实现 iTPM 的目标来讲，员工培训是现阶段效果最好、成本最低的方法之一。其中，在岗培训是较为合理且易于实现的培训方式，可以对员工岗位规范、专业能力以及跨岗位技能等方面予以加强。培训中要调动员工学习的积极性和主动性，把员工培养成学习型、合作型、复合型人才，为 iTPM 的实现打下坚实的基础。

柔性劳动力作为柔性生产系统的重要组成部分之一，可以实现人力资源的灵活配置。在 iTPM 中，多能工的需求不必多言。不同部门和岗位的员工需要进行交叉培训，以更全面地了解、学习并掌握不同方面的知识技能。相比于一般传统意义上的培训，交叉培训不需要选择特殊的时间和地点，工作时间就是培训时间，工作地点就是培训地点；也不需要聘请专门的培训师，可以选择优秀员工作为培训人员。由于无须脱产，不聘请教师，不租用场地，所以培训费用会更加经济。

交叉培训的主要人员构成包括培训人员和受训人员两部分。培训人员主要来自与 iTPM 相关的策划部门、使用部门、维修部门等多部门的优秀员工，如设备维护工程师和维修班组的维修工；受训人员则为生产部门的操作工骨干。工程师和维修工可以分别为生产操作工骨干们进行设备理论知识以及设备维修实操训练的培训，借此生产操作工可以掌握自主保养的技能，提升免保养的设备计划能力，而维修工便有了更多时间来提升更加专业的设备维护技能。而生产部门的操作工则可掌握各种职业技能，成为一个"多面手"，为 iTPM 策略的实现做出自己的贡献。

2. 培训计划

合理的培训计划有助于提高培训的有效性。因此，有必要在培训前对员工的工作情况进行调研，分析 iTPM 各相关部门的培训需求，如生产部门的员工在设备操作和使用的过程中，必定积累了一些设备维护相关的经验和心得，会有基于故障现象想要了解设备问题根源的诉求，这就是生产员工对于设备维护知识的培训需求，并在此基础上，制订详细的培训计划，明确培训目标。此外，还需要确定具体的培训方法和评估方法。根据部门和员工的实际情况进行培训需求分析、培训活动策划以及培训效果评估。

针对不同的培训目标，需拟定不同的培训计划，即培训形式应灵活、生动，便于员工接受，避免形式主义；合理安排培训深度，提高员工参与学习的积极性；基于培训内容，引入灵活的培训方法，为员工提供将知识转化为生产力的机会，以及制订必要的激励和惩罚机制等。

3. 培训方式

在培训管理上，要注重培训方式的创新。灵活的培训方式更容易被员工接受，也能起到良好的培训效果，达到预定的培训目标。例如，对于生产操作工的培训内容可以按照设备的维护难度分为一级维护培训内容和二级维护培训内容，一级维护培训内容包含诸如设备的检查和清洁，二级维护培训内容为设备的维护理论和实操，培训内容应循序渐进，由易到难。

培训的时间一般可以按照停产时间、停线时间以及正常的设备检修日来划分，根据不同类型培训时间的时长，安排耗时长短、难易程度适中的设备维护内容，并与生产部门沟通培训内容，安排操作工骨干进行专项培训或让大多数生产操作工进行统一培训。基本技能培训可采用小组培训的方式，"以老带新"；高级技能择优培训，充分发挥操作工骨干的优势。培训中生产操作工可以进行深度旁观学习或辅助维修班组操作。培训结束后，可以采用竞赛制度，如根据就同一类型设备故障的维护效率高低，对成绩优异的团队给予奖励。这种方法将有效提高师傅的"教"和学徒的"学"，动员员工关心培训结果，促进积极参与培训的氛围，从而提高培训质量。此外，培训方式应该注重在实践中促进合作，让员工在模拟情境的练习中理解、分享经验。

根据培训内容和培训规模，培训的方式还可以分为线上培训和线下培训，一般来讲，线上培训多安排理论学习、巩固，线下培训则可进行设备维护实操，也可以根据实际情况灵活安排。

此外，iTPM工具的应用让培训内容和方式有了更多的可能。一方面生产操作工可以通过常规的理论和实操培训获得设备维护的技能；另一方面，在iTPM的运营管理中，他们使用了预测性维护和物联网管理系统等iTPM工具，对生产过程进行检测、采集实时参数、监控生产设备状态，使其通过对iTPM工具的培训学习，以更智能便捷的方式学习设备维护知识，了解智能制造时代生产和设备维护的前沿应用，通过生产中的数据分析，发现和挖掘自身在iTPM工作中的着手点。

4. 培训评估

iTPM策略强调全员参与性，从而培训工作的效果也可反映员工的参与度和对iTPM策略的认同感。高效的培训评估机制可以有效地避免培训控制不力、效果评价滞后、培训效果不佳和员工参与度低等一系列问题。这样高效的培训评估内容应包括：员工的反应、学习效果、员工培训前后的工作表现。通过评估，可以了解培训是否符合最初的目标和要求，确定受训人员知识和技能的提高或行为表现的改变是否直接来自培训本身，找出培训中存在的不足，总结经验教训，以改进今后的培训工作。

培训评估也可以及时发现新的 iTPM 培训需求，为后续培训提供依据。此外，对于培训结果和参与者的积极评价，往往能够提高其对 iTPM 培训活动的兴趣，激发他们参与培训活动的积极性和创造性。对于 iTPM 培训，如生产部门操作工接受设备维护知识培训后，根据三到六个月的培训内容，可以进行一次技能竞赛并报告成绩。与此同时，建立员工培训激励机制，让员工潜能得到充分发挥，以使参与培训的员工在掌握自身工作技能的基础上，能够更好地为整个 iTPM 的实施做出贡献。

2.2.4 员工激励

1. 员工激励的实现

激励员工是激励的本质。实现 iTPM 的目标，需要通过激励员工，提高其综合素质和增强活力，从而改善员工的实际行为。因此，企业必须根据实际情况拟定适合 iTPM 培训的激励目标。激励目标应该以满足员工需求为出发点，贯穿于员工工作的整个过程，包括对员工个人需求的理解，对个性的把握，对行为过程的控制和对行为结果的评估。在实践中，各种激励手段应结合使用，充分发挥多种激励手段的作用。在激励工作的全过程中保证信息沟通，因为组织信息沟通是否顺畅、及时、准确、全面将直接影响激励机制的应用效果和激励工作的成本。激励的最终目标，便是实现 iTPM 的目标与员工个人目标的统一。

所以，在培训过程中和培训评估结束后，iTPM 的策划和参与部门应该根据结果设计适当的奖惩制度，营造必要的文化支持环境，引导参与者充分开发自身能力，实现组织目标。

2. 员工激励的机制

激励机制是企业与员工之间通过激励相互作用的一种方式。它通过一套合理的制度反映了企业与员工之间的相互作用。对于实现 iTPM 目标来讲，一定的激励机制能够不断强化和提升员工工作表现，有利于实现企业目标。一般来说，企业激励机制的效果主要体现在以下方面：

1）鼓励员工士气和开发员工潜力。员工能力再强但没有得到适当的激励，就很难有好的工作表现；相反，员工能力一般但有充分的动力，也会表现得很好。相关管理研究表明，员工的工作绩效是员工能力和受激励程度的正相关函数。

2）利于营造良性竞争环境，提升组织凝聚力。激励机制不仅直接影响个人，而且间接影响其周围的人。在竞争环境中，组织成员会感受到来自环境的压力，这种压力可以转化为员工努力工作的动力。良好的竞争环境也利于增强组织凝聚力，充分发挥员工自身的潜力。

3）利于提高员工的社会责任感和自身素质。如对努力工作的员工给予充分表扬，对落后消极的员工给予必要的惩罚；对精通业务、有突出贡献的员工给予奖励，对不懂业务、工作中出现严重失误的员工给予适当的处罚，必将促进员工素质的全面提高。

4）利于引导个人目标与企业目标的协调一致。员工的个人目标和需求，是其行为的基本动力。个人目标和企业目标既有一致性又有差异性，当两者一致时，个人目标有利于企业目标的实现，但当两者偏离时，个人目标往往会干扰甚至阻碍企业目标的实现。

因此，实现 iTPM 目标的过程中，需要各参与部门、管理者制订一套合理可行的激励机制，引导 iTPM 参与者将个人目标统一到组织目标中。

3. 员工激励的类型

不同激励类型会对员工的行为产生不同程度的影响，因此选择合适的激励类型是做好激励工作的前提。激励机制可以从不同的角度进行分类，本文主要关注以下类型：

1）目标激励：将企业的战略需求转化为员工的实际需求。通过不断激发员工对高目标的追求，才能激发出其努力工作的内在动机或目标等。管理者应挖掘员工心中潜藏的或当前的目标，并协助其制订详细的实施步骤，指导和帮助他们的后续工作，并使他们积极自觉地实现目标。要将 iTPM 的目标转化为全体员工的目标，通过定期的反馈、引导使得员工能够各自构建出在各个阶段的目标，从而实现 iTPM 的目的。

2）培训激励：随着知识经济的到来，世界变得越来越信息化、数字化、网络化，知识更新速度加快，使得员工知识结构不合理和知识老化问题日益突出。通过培训，丰富员工的专业知识，培养员工能力，为其提供进一步发展的机会，满足他们自我实现的需要。具体来讲，为了实现 iTPM，在培训内容的选择上可以更多地倾向于与生产维护相关的技术知识和技能培训，从而高效地达成员工激励的目标。

3）参与激励：有关人力资源管理的实践经验和研究表明，现代员工有参与管理的要求和愿望。为员工提供一切参与管理的机会是调动员工积极性的有效途径。通过参与，员工对企业的归属感和认同感增强，可以进一步满足其自我实现的需要。

4）物质激励：通过加薪、降薪、罚款、奖金等形式，满足员工的实际需要，通过薪资的调整，鼓励员工积极参与到 iTPM 中。在实际发展中，物质激励不仅能激发员工的主观能动性，而且能够突出企业按劳分配的原则。

5）荣誉和提升激励：荣誉是人们对个人或团体的崇高评价。它是满足人们自尊需求、激励人们奋发进取的重要手段。在 iTPM 培训中，可以对一些优秀的、有代表性的先进员工进行定期表彰，如给予"iTPM 学习标兵"称号，或者基于 iTPM 工作的参与度和贡献成果改变职务名称，如原生产操作工改为"全员生产维护操作工"，并额外发放全员生产维护操作工补贴等。荣誉奖励与补贴相结合是一种很好的激励方式。

6）绩效考核：所谓绩效考核，是指企业对员工一段时间内的工作成绩进行评价，奖优罚劣的一种评估方式。但是，在采用绩效考核时，要注意考核制度的明确性和考核过程的公开性、公正性。只有这样，绩效考核制度才能达到最佳的激励效果。

第 3 章

iTPM 使用的工具

▶▶ 3.1 维护管理系统

一般来说，生产企业各个不同车间的维修部门原本是分别独立的。在备件管理方面，各维修团队独立进行备件的采购，并且都有独立的库房。备件的库存管理基本通过 Excel 办公软件和人力来维护。实践表明，这种方式存在效率低、易出错、信息不能共享的不足，已经不能适应目前的需求。而企业维护管理系统的使用，将会极大地改善设备管理维护与备件管理工作当前的状况。

维护管理系统是企业管理软件的一个重要组成部分，对于设备维修部门而言，主要使用的是面向设备管理与维护的工厂维护模块和面向库房备件管理的非生产性物料模块。

企业管理软件维护管理系统将使备件采购的现状得到极大的改善。

以某企业为例，原备件采购的流程为：根据现场需要提出备件需求；在成本管理系统中申请；各级领导审批；审批完成生成采购订单；合同授权；供应商送货；成本管理系统中收货；财务结账。其中上级审批时间普遍比较长，为 1 个半月左右。合同授权时间更长，为 3 个月左右，如此导致采购一批备件的周期大约为半年，整体效率较低。此外，采购周期越长意味着备件库存数量越多。

维护管理系统与预防性维护的结合也带来了极大的便利。之前的维修工作要用备件时，需要维修工去库房寻找，这种方式耗时长、效率低。

维护管理系统在库存管理方面也有创新性的举措。在此之前，维修中心在下辖工厂维修时，由于每个工厂备件库房条件不同，普遍存在备件编号没有统一的标准，备件管理混乱，领用不便的情况。

维护管理系统的出现带来了多方面的优势。维护管理系统 NPM（Node Package Manager）模块的上线，使库存备件在企业范围内实现统一管理，甚至部分备件的资源可以实现全球共享。其优势可总结为以下方面。

（1）采购流程的标准化，缩短审批流程　维护管理系统的非生产性物料模块能够整合原有成本管理的审批流程，将维修部门、采购部门、财务部门的审批流程优化，根据不同采购方式、不同金额，提供不同的审批方案，实现审批流程的高效运作。

维修部门内部以该系统为基础重新规范内部备件采购流程，指定对应的标准文件，明晰采购控制员、工程师、库房管理员的职责范围，提升团队运作的效率。

（2）备件领用的标准化，与预防性维护模块的交互　采用维护管理系统的预防性维护模块进行设备维修工作时，维修人员需将故障信息录入系统，并打印维修工单。如果要用备件，需要打印领料单，在预防性维护模块中做备件预留，然后去库房领备件。预防性维护模块将备件预留需求关联到非生产性物料系统中，库房管理员会在非生产性物料系统中收到对应信息。同时，领料单上有备件的名称、型号、库存位置等信息。库房管理员收到备件预留信息后，准备好备件，并在非生产性物料系统中更改对应的库存数量，办理出库手续。维修人员凭领料单到库房，核实备件信息无误后取走对应备件。

（3）备件信息的标准化，实现全厂共享　在维护管理系统的非生产性物料模块投入使用的过程中，非常重要的一项工作就是备件数据的标准化。每种备件都需要有一个单独的代号，这是它在系统中的唯一识别代码。此外，对于每种备件，系统都需要提供的信息有：中文描述、英文描述、库存位置、供应商、制造商、最高库存、起订点、库存数量、不含税价格，并且对字符长度有限制。其中，关于库存位置制订了一套标准化的定义方式，保证不同厂区的库房、不同备件的库存位置都是同样的定义方式。这些工作是企业维修部门实现备件统一管理的前提。

备件数据按照标准整理完毕后，就形成了企业维修部门的一个备件数据库，各车间可以共享。整理过程中，消除了备件重复冗余的信息，保证了数据的唯一性。在此基础上，整合各部门分别与供应商签订的框架合同，消除重复签订框架的备件条款，保障常用备件的快速采购通道，避免重复工作，提高效率。如果一种备件在多个厂区都有库存，则操作者在维护管理系统的用户查询界面可以看到所有厂区的备件库存信息，在有些情况下，这种信息的呈现是特别重要的。

在人员方面，需要公司相关技术专家的培训和支持，IT 相关部门人员提供协调和部分支持工作，备件管理部门负责整个项目的实施运行。此外，也需要采购部门和成本管理系统小组相关人员的支持。维护管理系统的实施过程分为如下方面。

（1）人员的培训和硬件保障　以某集团为例，组织专家对企业维修部门的物料控制员进行系统应用方面的培训和教授系统的运作流程，以及备件采购和备件管理在系统中的操作方法。物料控制员掌握对应操作后，组织培训库房管理员，教授库房管理所需的出库、入库和库房盘点等技能。

备件中心负责整个系统上线实施的具体工作，初期需要确认：①各厂区库房计算机是否都能正常工作；②是否都已经安装最新版本的维护管理系统；③每个用户是否都有账号并获得对应权限；④每个库房是否都已经有打印机并正确设置；⑤库存位置是否已经规范化；⑥库房是否已盘点备件数量。

（2）物料主要数据收集　物料主要数据即备件数据信息。每一种备件需要提供的信息有：物料需求计划区域、库房位置、物料编号、物料控制员、英文描述、中文描述、库存位置、供应商、制造商、型号、订货号、单位、最高库存、起订点、库存数量、不含税单价等。每种信息都有不同的长度或者字符规范要求。

物料控制员分别将数据汇总给整理人员，整理人员首先检查各项信息是否符合规范，进行整合并查漏补缺；然后对各车间数据进行自我筛选，删除车间内部的重复数据，以保证各车间提供数据的唯一性；接着将数据合并，进行重复项筛选，查找不同车间的相同备件，赋予其不同的物料信息，以表示它们属于不同车间，但是物料编号、英文描述、中文描述、供应商、型号、订货号、单位等信息都应保持一致；然后与之前维护管理系统中已有的物料进行匹配，查找已有备件的物料编号，将系统中已有的物料编号赋予新物料的主数据；再将没有货的物料编号的数据部分与工厂的框架合同进行匹配，获得框架合同中对应的物料编号；最终还没有物料编号的，由整理人员新编号码。系统上线前，整理人员将物料主数据反馈给各车间物料需求计划控制员进行最终的盘库，确认库存位置、最高库存、起订点、库存数量的信息；经过最后整理，在系统正式运行的前一天，将最终版本的物料主数据上传至维护管理系统并投入使用。

一个物料编码使得重复的框架合同条款问题浮现出来，整理的过程中只能保证主数据的备件条目的唯一性，但是框架合同的整理还需要各业务部门与采购部门、供应商共同努力解决。

（3）上线使用　维护管理系统的非生产性物料模块正式在厂区的装焊车间、喷漆车间、冲压车间、总装车间4类车间投入使用前，备件中心应组织相应人员对库房管理员和维修工人进行操作培训，以保证现场的正常运行。

维护管理系统的非生产性物料模块在工厂的上线，可以实现对整个企业现有维修部门的全覆盖，使维修部门的备件管理进入标准化、流程化的新阶段。

考虑到企业越来越注重精益管理模式，备件中心可以建立中央库房，实现对所有工厂备件的统一采购、统一管理，从而为公司节省成本，减少备件库存。

▶▶ 3.2 物联网管理系统

3.2.1 基于工业物联网的汽车生产线智能维护数据应用平台

随着汽车企业产量的逐年增加，市场竞争不断加剧，汽车制造技术水平越来越高，汽车生产线也越来越复杂，先进的工艺装备、检测技术得到了大量的应用推广。以某企业装焊车间为例，从公司成立之初的几十台机器人发展到现在全厂超过 3000 台机器人；设备也从点焊、压铆、涂胶等传统工艺设备扩展为各类机械连接、激光焊、柔性装配、在线测量等新一代的车身装配设备。设备数量的急剧增长和技术复杂程度的不断提高给设备管理与维护工作带来了空前的挑战。传统的基于紧急性维护、改善性维护及预防性维护的设备维护体系显现出了以下方面的不足。

1）维护成本上升。随着设备数量的增加，传统的基于时间周期的预防性维护工作的工作量及所需备件、辅料的消耗也大幅增长，为设备维护部门带来巨大的成本压力。

2）设备维护工作的有效性需要提高。传统检修工作主要按照时间周期进行，对所有设备按照标准的检修指导进行全面性的排查，这种方式较为粗放，在面对大规模自动生产线时，检查的有效性不高的问题就会尤为突出。

3）复杂生产系统带来大停机风险。生产线复杂程度的上升导致设备的故障点增多，大停机风险以及故障恢复难度也相应增加。

4）设备资产信息管理难度大。数量大、种类多的设备对资产管理也提出了新的要求，设备状态更新、软硬件版本管理、设备翻新利用等问题亟待高效的解决方案。

另一方面，伴随信息技术和通信技术的不断发展，具有环境感知能力的各类终端以及基于网络技术的计算模式等促使物联网在工业领域的应用越来越广泛，不断融入工业生产的各个环节，推动传统工业向智能工业不断转型。其中，最主要的应用就是生产过程检测、实时参数采集、生产设备状态监控、材料消耗检测等，可实现生产过程的智能监视、智能控制、智能诊断、智能决策、智能维护。尤其是在汽车制造行业，为了追求生产效率，汽车生产线自动化水平高，工业机器人等设备广泛应用。因此，工业物联网在汽车制造企业有先天的优势和基础。同时通过对设备数据的采集、分析、利用，结合数据科学的发展成果，汽车制造业尤其是设备维护部门所面临的诸多挑战也将迎来全新的解决方案。

面对新的挑战和机遇，企业设备维护部门应积极探索新技术在设备维护工作中的应用，不断吸收学习"工业物联网""大数据分析""机器学习"等新技术、新思路，并结合当前设备维护工作中的痛点，将它们落地、下沉，为一线工作提供智能、高效的解决方案。不断探索数字化技术的应用，提高运营效率，力争更加精准地定位设备故障、调配人力物力资源。

以某企业为例，公司信息技术部门搭建了基于 MQTT（Message Queuing Telemetry Transport）协议的数据平台，现场级设备通过 MSB 发送实时数据。同时，将物联网应用推广至工艺、质量、规划等部门，成功实施了基于工业物联网的汽车生产线智能维护数据应用平台解决方案。

围绕该解决方案，企业开展的工作内容如下：

1）建立企业工业物联网大数据平台。

2）现场工厂级设备应用物联网技术，将设备信息输送到大数据平台。

3）开发各设备信息监控系统（PLC、机器人、焊接设备、数控机床）。

4）开发基于大数据的机器人运行评价系统。

5）开展设备故障智能预测研究与应用。

6）开展能源监控及节约工作。

7）优化设备保养策略，提高人员运作效率。

8）大数据应用下的信息安全管理。

这些工作内容覆盖 8 项核心技术，设备接入量超过 3000 台，超过 20 个优秀案例已运用于现场。目前成功应用的技术包括机器人、伺服驱动、PLC 控制、热连接（点焊、螺柱焊、激光）、冷连接（压铆）、涂胶、信息安全、冲压等。

对于大数据应用，企业可以通过大数据思维建立数据模型，在大数据平台上运行算法，进行数据挖掘与分析，支撑机器学习模式。通过对机器数据及日志文件的抽取和转换，将数据存储到中转服务器上；通过大数据平台的数据湖（Date Lake）对数据进行清洗和加工，形成可以被 R 语言识别的中间表；通过 R 语言的建模及分析，输出最终的预测结果并反馈给现场维修工程师；维修工程师根据预测结果到现场维修，将预测结果的准确率反馈给系统；系统通过机器学习的方式继续优化模型及算法，提高预测的准确率。预测性维修项目通过大数据平台的创新实践不仅是技术的创新，也让企业进入大数据分析的新阶段（图 3-1）。

采用敏捷的开发方法和 MVP（Minimum Viable Product）的实施方案，力求从小处着手，以求用最快的方式实现可行性的验证。硅谷企业家和作家 Eric Ries 曾在《精益创业实战》中提出 MVP 的概念，意即"最简可行产品"——用最快、最简明的方式建立一个可用的产品原型，这个原型要表达出最终想要的产品效果，然后通过迭代来完善细节。

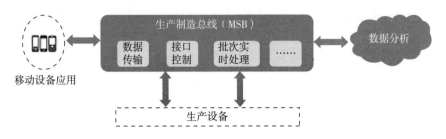

图 3-1　技术架构

以某企业为例，主要实施方案是采用大数据平台对机器的各种状态数据及日志进行建模分析，并将预警推送给指定的维修人员（图 3-2）。第一步是对现场的机器人及其他设备的数据进行采集，包括 KUKA 以及 Bosch 的设备数据及日志文件，通过脚本及软件将原始数据格式转换成 CSV 格式文件，并传送到中转服务器上；然后通过定时的任务将 CSV 格式文件传送到大数据平台中；接下来，大数据平台会将数据格式转换成 Hive 表格以进行存储和转换，并通过 R 语言进行建模分析，形成最终的预测结果；最后将预测结果推送到前台的 GUI 以及返回大数据平台进行数据的校正和算法的优化（图 3-3）。

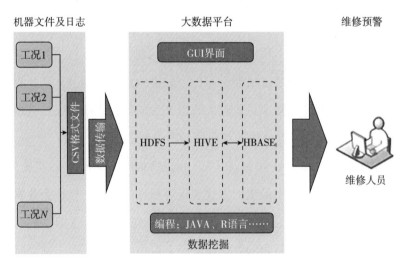

图 3-2　整体架构图

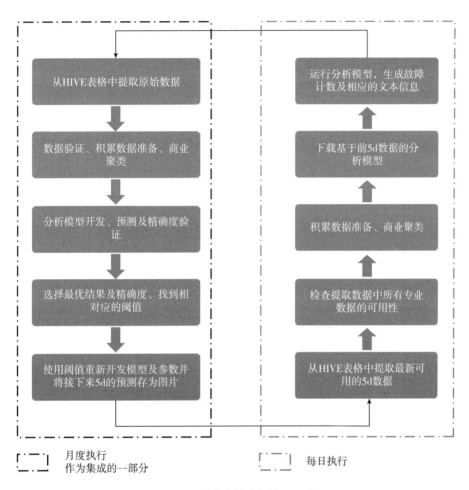

图 3-3　R 语言建模分析过程示意图

　　伴随着信息技术及通信技术的不断发展，工业物联网不断融入工业生产的各个环节中，并获得了越来越广泛的应用，尤其是在设备维护领域。激烈的市场竞争以及自动设备的大规模使用，对生产设备的稳定性提出了更高的要求。传统设备维护体系面临了诸多挑战，在很多场景下已经不能满足生产要求。基于工业物联网的智能维护成为新的发展方向，受到越来越多行业的瞩目，汽车行业尤是如此。汽车制造企业产能大、自动化率高，再加上不断发展的汽车加工技术，使得大量先进、复杂的生产设备在汽车生产线中广泛使用，这使设备维护工作对于汽车生产企业极为重要。

生产线智能维护数据应用平台的技术方案分为四项内容，首先进行IIoT平台基础设施搭建，第二步进行IIoT设备连接技术方案确认，第三步是人员与组织管理创新，最后为企业IIoT的具体应用。

1. IIoT平台基础设施搭建

传统上，OT（运营技术）强调效率、利用率、一致性、连续性和安全性，IT（信息技术）测重敏捷性和速度、灵活性、成本、业务洞察力和安全性。而IIoT是一支变革力量，专注于连接性、数据、分析、优化和智能运营，它正在推动IT和OT之间的融合。为实现两者的深度融合目标，就需要一个管控一体化平台，建立大数据中心，然后利用数据建立生产或业务模型，仿真分析，交互展示，实现数据驱动企业价值的目标。通过工艺生产线的横向集成以及车间设备的纵向贯通，采用数字化、虚拟化、物联网、机器学习和大数据等技术，实现工厂运营监测和设备健康管理，并基于质量大数据的工艺生产线优化，进而实现高效快速生产，降低生产及运营成本。如图2-2所示，将工厂内具备IIoT功能的设备（机器人、PLC、各类传感器、焊接设备、涂胶设备、冲压设备等）的数据通过生产制造总线传送到大数据中心。前端可以通过数据看板直接监控实时数据获取设备状态信息，也可以调用大数据中心的历史数据进行智能算法研究与开发。IIoT平台未来可与第三方云平台进行合作互联，驱动更高的数据价值。

2. IIoT设备连接技术方案确认

MQTT协议，即消息队列遥测传输，是于1999年提出的，一个基于TCP（Transmission Control Protocol，传输控制协议）的发布订阅协议，设计的初始目的是为了适应有限的内存设备和低带宽网络通信，其非常适合物联网通信。

基于MQTT协议，采用非SQL数据库作为实时数据显示，Hadoop生态圈作为数据湖，构建了企业工业物联网系统。

企业可以通过联合设备制造商来升级设备功能，使设备具备发送 MQTT 消息的能力。通过多轮测试，性能稳定后，开始大范围推广安装升级程序，为数据收集奠定基础。另一方面，由于使用设备类型众多，对于无法开发 MQTT 的设备的情况，企业可以采用信息转化方案，利用 Node-Red 数据流工具获取设备控制器本地数据，再发送出 MQTT 消息，从而实现信息转化。

企业使用的设备种类多，设备发送海量的各类日志及报警信息，因此传统关系型数据库无法支持日志信息的时效分析。Elasticsearch（以下简称 ES）可以作为一个大型分布式集群（数百台服务器）技术，处理 PB 级数据。它将全文检索、数据分析以及分布式技术合并在一起，能够近实时地对海量数据进行搜索和分析，且响应耗时控制在秒级。某企业采用了 ES 作为实时数据库，将 ES 架构下的 Kibana 作为前端实时看板开发的可视化工具。迄今为止连入设备量超过 8000 台，各类设备监控可视化看板 70 个，为设备的智能管理与运维提供了强有力的支持。

3. 人员与组织管理创新

随着工业发展的不断推进，制造业正在进行智能化转型，网络智能设备正大规模覆盖智能化工厂。IT 与 OT 深度融合，有利于企业开展充满活力的工业物联网试点项目，加速实现规模效益。企业如想打通制造执行系统、运营管理系统、信息通信系统之间的链路，除了上面所述的 IIoT 技术架构方案外，也要着力于构建 IIoT 组织架构和 IT 与 OT 蓝图等一系列有关人员与组织的管理创新。

IIoT Swarm 模型是某企业为促进 IT 与 OT 融合，助力公司数字化转型的组织管理创新之一。联合某集团，由投资人、管理者、敏捷小组组成。投资人进行项目发起，管理者进行项目管理，敏捷小组为各关键业务部门的 IIoT 成员，承担复杂案例的开发工作，支持现场一线人员数据应用，并进行知识技能培训和应用推广。

基于此模型，建立 IIoT Swarm 团队。团队以业务为导向，高度灵活开放；致力于快速案例开发，协助业务向数据驱动转变，体现数据价值；通过使用最优的架构，保证工业物联网应用的有效性、效率性、安全性；并持续激励创新，运用最新技术，提供新而优的解决方案；通过识别人才、人员激励、知识分享和团队合作，实现人员的技术和管理能力提升，培养具有国际化视野的人才。

截至目前，IIoT Swarm 团队完成了该企业首批工业物联网案例的实现——覆盖 8 项核心技术，超过 20 个优秀案例已运用于现场；通过培训对车间和业务部门赋能，协助其掌握基础数据探索和应用案例开发的能力。并且，其作为物联网推广的中坚力量，已将物联网应用推广至维修部门、工艺部门、质量部门、规划部门等部门。

4. 企业 IIoT 的具体应用

该企业的 IIoT 平台从负责生产设备管理的技术维护部开始试点，并逐渐开展推广到其他车间和部门，如喷漆车间、总装车间、发动机车间等车间，以及生产部门、规划部门等部门。IIoT 平台按照应用紧贴业务需求的原则，应用于资产管理、基于工作循环次数的预防性维修、状态监控、决策支持、预测性维修、项目验收支持、生产工艺优化等工作环节中。

工业物联网技术横跨工业设备领域、信息技术、机器学习等学科，需要将各领域的知识和经验深度融合才能让最前沿的技术落地现场。在这个过程中，一支具备跨学科知识和经验的团队至关重要。在该企业技术维护部开展工业物联网的这几年中，维护部门的设备工程师与信息技术部、标准技术部门、第三方咨询公司、设备供应商等组织深度合作，互通互融，打造了一只既懂现场设备又懂前沿信息技术，既有理论知识又有实战经验的强大团队。

3.3 预测性维护

3.3.1 预测性维护的由来

随着"中国制造 2025"的全面推进，制造业正朝着智能化、柔性化的方向迅速发展。与此同时，智能化设备对控制系统的依赖性也达到了前所未有的高度。在设备生产运行中，一套可靠的控制系统能够使其高效且稳定地运行，同时能够在设备突发故障前发出预警，从而极大地避免由于大停机带来的损失。因此，对控制系统及其设备的维护提出了非常高的要求，对应维护的难度也在陡然增加。据不完全统计，1981 年某国工厂花费在维护其关键装置系统上的成本超过了 6000 亿美元。到 1991 年，对应的维护成本已经高达 8000 多亿美元，而 2000 年更是达到了有史以来最高的 12000 亿美元。通过这些数据不难看出，设备维护的成本正在随着高端设备的引进而大幅增加。调查显示，这些维护费用中的一部分是由于采取了无效的维护管理方法而被浪费掉的，因此，如何能在一定程度上避免由于无效维护带来的损失变得尤为重要。无效维护的根本原因来自于采用错误的维修措施以及选择错误的维修方式，在现代智能化生产制造型企业中，仅凭经验、直觉进行分析的传统维修策略及方式是无法满足智能化、柔性化生产的。因此，预测性维护在这种条件下孕育而生，并在以不可逆的形式飞速地发展。

1. 设备管理维护的类型

设备管理维护分为四种类型：紧急性维护、改善性维护、预防性维护和预测性维护。

（1）紧急性维护 紧急性维护又称为补救性维护、故障后维护以及运转至出现故障管理。紧急性维护针对的是在故障发生前不能通过测试或监控预测到的，即事前并无征兆、无发展过程的随机故障，在故障发生时能够采用最为高效、合理的维修措施，在短时间内解决并恢复设备至正常生产状态的维修方式。其维修原则是坚持统一领导、分级负责、及时反应、果断决策以及合作互助。这是一种不出现故障就不进行维修的方式，也就是前文提到的仅凭经验、直觉进行的最简单、最初级的维护运行手段。采用紧急性维护的工厂会在设备或机器运转出现故障后再进行维护，这实际上是一种无维护的设备管理方式，同时也是耗费成本最高的维护管理方式。通过以往的分析指出，在事后进行维护的维修方式会造成高备件库存成本、高超时劳动力成本、长时间设备停机及生产能力低等后果。经计算，紧急性维护的成本是进行同样维护的有计划维护或预测性维护成本的三倍之多。因此可以看出，有针对性、有计划性的维修能够将设备维修时间及有效劳动力降至最低成本。

（2）改善性维护 改善性维护又称为纠正性维护，该维护方式主要应用于设备故障高发期。按照设备的浴盆曲线，设备在耗损故障期，存在着老化、磨损、硬化、变形、开裂、腐蚀、疲劳等各种失效状况，继续运行将造成较严重的故障后果。改善性维护通过零件更换、表面改性、精度恢复、重新成型、调直、校准、对中等技术手段使设备修复到所要求的功能和精度。改善性维护所涉及的技术包括焊接、表面喷涂、电刷镀、镶套、热处理改性、零件更换、对中、平衡、精度恢复、参数调整等。改善性维护以设备性能恢复性修复为主，允许对小的设备进行改造或者再制造，可以不拘泥于原有设备的设计和结构。

（3）预防性维护 预防性维护和预测性维护均属于设备的预先维护。

针对预防性维护，又可分为三种类型，即基于时间的维护计划、基于性能的维护计划和基于条件的维护计划。

1）基于时间的维护计划：在规定的时间范围内进行以时间为基准的有计划的维护，例如，每个月或每个季度进行检查或更换设备关键部件。

2）基于性能的维护计划：在生产线的控制系统中，以设备运行周期或设备生产时间或冲次为基准,基于设备运行的参数或状态来确定相应的维护计划。可以在设备中添加计数器、累加器等,通过控制系统读取特定的参数,当参数到达预设值时,进行既定的维护计划,例如,每 10000h 进行设备维保,每 1500000 冲次进行备件更换等。

3)基于条件的维护计划:是指基于状态监控数据进行的维护计划。在生产系统中添加如温度、振动传感器等能够实时对生产线的设备中的特定部位进行监控的仪器,当获得的数据超过设定值后,可针对特定部位进行检查、维护或备件更换工作。例如,当传动轴轴承温度超过 60℃时,就对轴承的状态进行检查,并在必要时对其进行更换,以保证生产线的正常运行。

这些预防性维护全部基于对生产设备制订的维护计划指南。预防性维护计划的管理是建立在假设设备状况在一定的范围内出现恶化情况的基础上。以冲压车间设备举例,冲压车间开卷线湿式清洗机包含设备底座、外壳、辊筒工位、驱动器和过滤系统,其作用是通过开动驱动器带动引入辊、刷辊、挤干辊以及喷淋清洗油来进行带料的表面清洁,以此满足在进入冲压线前的板料的清洁度。由于清洗油是重复使用的,通过集油盘和回油槽收集清洗后的清洗油,通过机械油雾器将防护罩内的清洗油雾收集,收集的脏油通过过滤装置进行油污清洁,最终将过滤后的净油回流至净油箱,以此循环使用清洗油。针对清洗油泵站的滤芯及清洗油使用预防性维护策略,安装滤芯脏污传感器及清洗油温度传感器等,通过监控油品质量及滤芯脏污状态来判断是否需要进行更换。这种维护手段在故障发生前就完成了特定部位的更换,有效地避免了设备停机状况的发生,同时也可以延长设备的使用寿命。

(4)预测性维护 预测性维护,也被称之为预知性维护或策略性维护。预测性维护集设备状态监测、故障诊断、故障(状态)预测、维护决策支持和维护活动于一体,是近年来新兴的一种先进维护方式。

　　预测性维护实际上是一种由运转状况驱动的预防性维护程序。预测性维护不依赖于工业或工厂内平均寿命统计数据（即平均无故障时间）来计划、安排维护活动，而是在控制系统的基础上引入神经网络自学习模型，建立预测性维护系统，在人工智能、机器学习等技术的辅助下，提高故障预测的准确性，减少非计划性停机。预测性维护通过采集设备运动状态的相关数据，实现状态识别、故障预测等功能，并预先提供维修维护方案，以此来支持设备的维护管理。预测性维护以机械设备中的传动系统为检测对象，借助数据分析处理模块实时监控设备生产状态，利用工控设备持续采集设备运行数据，采用深度学习等多算法融合的方式在数据库中提取数据特征值，标记正常、异常状态的数据流，完成对故障预测模型的构建。与此同时，在预测性维护系统中引入"数字孪生"的概念，充分利用设备物理模型、传感器数据采集、历史维护数据等信息，集成多维度、多物理量、多概率的仿真过程，在虚拟空间完成与现实设备的映射，从而反映相对应设备的全生命周期过程。数字孪生体能够模拟各种故障发生时生成的传感器数据并创建预测模型，利用仿真结果提取训练数据用于机器学习算法，对未来可能产生的故障类型与故障发生概率进行评估，以此为设备管理人员的维护策略提供依据，从而显著地提高维修工作的准确性并能有效避免过度维护。生产设备百分百接入数字化物联网 MSB 系统，可完全实现数据透明化、记录无纸化，并且能够为预测性维护在企业的推广搭建全方位的平台。除此之外，预判性维护的优点，还有可以克服预防性维护的盲目性，具有很强的针对性，即可根据不同状态采取不同的处理方法，降低运行检修费用；减少停运（总维护）时间，提高设备可靠性和可用系数，延长设备使用寿命，更好地贯彻"安全第一、预防为主"的方针；减少维护工作量，降低劳动强度，有利于减员增效，提高经济效益。

2. 预测性维护的现状

伴随着精益化、自动化、智能化生产模式的出现，生产设备的复杂程度及技术含量也随之增加，同时设备的构造也变得更加复杂。与此同时，先进的设备使故障表现呈现出多样化、复杂化的特征，对应的维修任务也变得比以前更加繁重。为了降低维修的难度，减少生产设备的停机时长，基于状态监测的预防性维护应运而生，即预测性维护。预测性维护通过先进的监测设备以及大数据的采集和处理，以及维修工程师基于大数据的数字模型的建立进行可靠性分析，从而制订更有针对性、更有效率的维修计划。在近几年里，通过对设备预测性维护的大力发展，关于设备故障的预测研究已经有大量相应的报告及参考文献，但是，在设备的寿命预测方面，预测性维护并不能准确地抓取设备衰退过程中的阶段性特点。在面对多台设备的维护计划顺序的处理时，预测性维护需要更加缜密、更加合理的安排。因此，预测性维护仍然处于发展阶段，需要在生产制造企业中不断地进行推广，同时不断通过机器学习进行自身的优化和改进。

3.3.2 预测性维护的实施和应用

1. 基于某企业冲压车间冲压线的预测性维护方案

基于某企业冲压车间冲压线的预测性维护方案具体是指对电机和电动阀实施预测性维护，实现故障预警、检修时间估计和故障诊断功能（其中检修时间估计和故障诊断功能对历史数据积累要求较高）。

实现预测性维护，通过对电机和电动阀运行状态相关数据的采集，完成状态识别、寿命预测（即检修时间估计）等功能，并预先提供维修和维护方案，支持设备的维修及维护管理。预测性维护系统在人工智能、机器学习等技术的辅助下，优化预测结果，减少非计划性停机。

预测性维护系统功能模型如图 3-4 所示。预测性维护的开展是基于电机和电动阀生产状态的数据监测与采集设备、数据存储传输模块、数据分析处理模块。

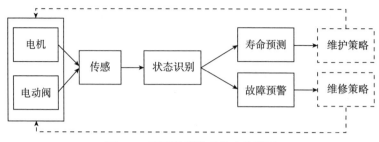

图 3-4　预测性维护系统功能模型

数据监测与采集设备对电机和电动阀的运行状态参数进行监测，为后续数据的分析计算提供必要条件。数据存储传输模块采集的数据存储至数据库，是系统的基础设施。

当生产线现场不具备计算能力时，仅提供数据采集功能的控制系统或者以物理介质的形式提供出来，由具有较强计算能力的供应商进行线下模型训练，之后部署至生产线现场系统。当现场具备计算能力时，由供应商提供训练方法，在线进行模型训练及部署。

针对不同故障产生的原因，必须由相关领域专家根据专业知识和经验来定位相关的因素，然后确认需要采集的数据，使之能够支持基于数据的分析从而进行故障的预测，实现预测性维护的目标。以下是由数据科学家从自身专业的角度给出的采集建议。

1）电机数据采集：①振动（加速度传感器、速度传感器或位移传感器，含驱动端和非驱动端）；②温度；③转速；④电流；⑤扭矩；⑥ PLC 控制信号等。

2）电动阀数据采集：①振动（加速度传感器）；②流速；③温度；④液体温度；⑤电流；⑥ PLC 控制信号等。

数据分析处理模块使用历史数据进行模型训练，在训练时可根据生产状况进行模型训练的配置，如不同工况下训练数据的选择等。系统对实时或近实时数据进行监测，根据训练好的模型，在故障发生之前提前预警从而及时实施设备维护。数据分析处理模块的工作流程如图 3-5 所示。

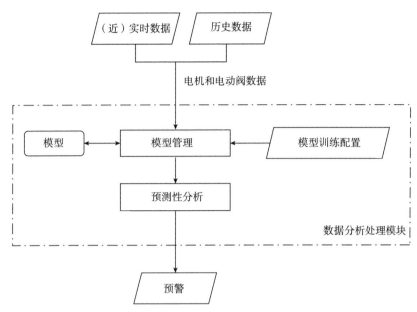

图 3-5　数据分析处理模块的工作流程

图 3-6 展示了预测性维护系统中数据分析处理模块的功能。相关性分析能够实现快速定位有效传感器，并确定有效传感器列表，以待后续进行数据分析。系统利用生成的模型，对实时或近实时数据进行偏差分析，即计算传感器实测值与理论值之间的偏差，当超出预设条件时发出预警信号。预测性维护提供短期传感器数据的预测值，为领域专家进行预判提供支持。以下是数据分析处理模块各功能的具体介绍。

图 3-6　数据分析处理模块的功能

1）数据集成与管理。预测性维护系统需要使用实时或近实时数据和历史数据进行建模以及分析。数据可以从既有数据库导入，或者通过数据接口进行访问。根据客户对数据存储的具体要求，系统提供不同的解决方案。

2）相关性分析。该功能可以从众多数据来源中寻找相互关联且能提高对特定目标的监测准确度的数据或传感器，当预警信号被触发时，也能够帮助客户快速定位相关传感器，以及其对应的设备。相关性计算方法包括皮尔逊相关度、斯皮尔曼相关度、坎德尔相关度等，并应用多种可选的统计检验方法，同时还可采用聚类算法自动选取主测点与从测点。如图 3-7 所示，每个点为一个传感器，相互之间连接的线表示传感器之间的相关性，线的粗细表示相关性的强弱。

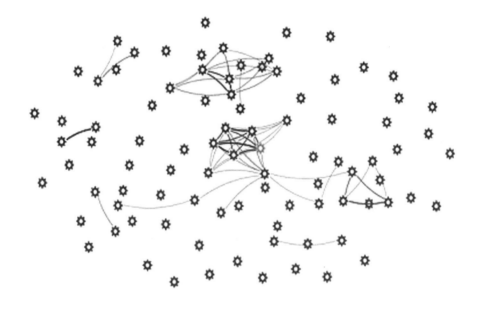

图 3-7　传感器测点相关性示意

3）实时偏差分析。预测性维护系统对历史数据进行分析，抽取设备正常运行状态下的特征和模型。系统根据该模型估计传感器的读数，即理论值，并与实测值进行对比，实时监测传感器偏差。数据分析和模型建立有多种方法可选，具体方法的选择则取决于具体的数据。如图 3-8 所示，虚线表示预测值，灰色区域表示可接受范围，实线为实测值。

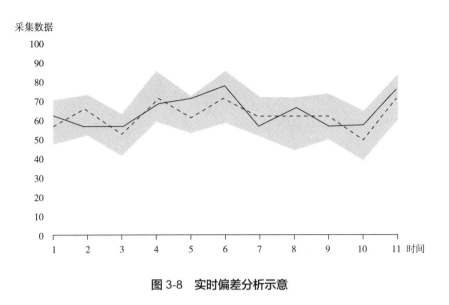

采集数据

图 3-8　实时偏差分析示意

4）预测性分析。预测性分析包括预警和寿命预测。预测性维护系统通过机器学习方法获取历史数据并判断数据趋势，将预测到的传感器短期未来数据呈现出来，供领域专家分析、监控，支持其维护决策，如由于设备磨损、性能劣化等原因导致某个采集数值或者由多个特征构建的多维度数据模型出现不良趋势走向。对这种趋势的把握及提前预警将有效减少非计划性停机等生产事故。如图 3-9 所示为设备测量数据趋势预测示例，其中，实线为测量数据，虚线为预测数据，可以作为参考预测出最有可能的趋势。

2. 基于 MQTT 物联网协议的实时监控及预警方案

某企业维护部门在 2020 年，重点发力于智能维护、状态监控，而该企业的发动机机加工生产线，设备技术难度大，自动化程度高，这一特点一方面增加了维护工作的难度，另一方面也带来了数字化的便利，高度自动化是一把双刃剑。

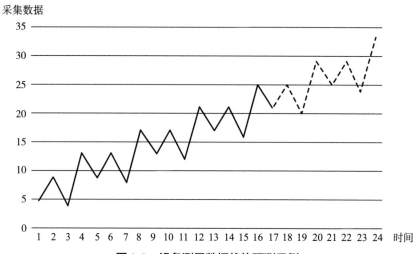

采集数据

图 3-9　设备测量数据趋势预测示例

桁架（图 3-10），是机加工线的关键设备，其主要用于各工位加工中心以及 SPC（Statistical Process Control，统计过程控制）工位的上下料，桁架与轨道的组合使用实现了机加工生产线工件的全自动化物流。另外，桁架的工艺功能是物料传输及数据传递，其对于机加工整个工艺流程至关重要，并且是数据流中的关键节点。

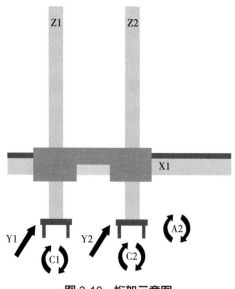

图 3-10　桁架示意图

桁架一般有两种机械结构，即 H 形和 Z 形结构。最简单的 H 形桁架由 Z1、Z2、X 三轴组成，实现工件的上下和水平移动。较复杂的还会有 Y 轴和 A 轴，用于实现工件的前后移动和翻转。Z 形桁架一般只有 X 轴和 C 轴组成，通过在 X 轴与 C 轴方向的移动实现工件在 Z 方向上的移动。H 形桁架一般体积大，重心偏上，运行速度没有 Z 形桁架快。根据工位机床数量的多少，桁架的长度因工位而异，一般在 10～30m 之间。相关参数见表 3-1 的缸盖线与缸体线桁架的对比。

表 3-1　缸盖线与缸体线桁架的对比

类别	缸盖线	缸体线
结构	Z 形	H 形
长度 /m	15～20	10～13
轴数（最多）	3	8
运行速度 /（m/s）	6	2
运行加速度 /（m/s^2）	5	2

由于工位上下料需要精确定位且需具备一定的灵活性，所以桁架电气控制部分一般由 NC 完成，执行部分为带高精度编码器的伺服电动机。桁架通过 Profinet CBA（Component Based Automation）与各个加工中心进行通信，实现信号交互。

该产线使用的 H 形桁架已运行 5 年之久，但因其自重大，运行速度快，导致机械磨损越来越严重，特别是齿轮箱及其连接背板磨损比较严重。而齿轮箱及其背板的损害比较隐蔽，在 TPM 时不能有效地诊断其是否有故障隐患。曾因桁架齿轮箱及其连接背板损坏造成的停机达 6 次，每次停机时间（包括生产试教位置时间）3～6h，这对生产和维修都造成很大的压力。

基于过往的停机及故障原因分析，齿轮箱及连接背板是整个机械结构的薄弱点，为此在桁架齿轮箱 X 轴方向和 Z 轴方向上安装振动传感器，实时监控齿轮箱在 X 轴和 Z 轴两个方向的振动情况，通过对振动幅值的分析来评估传动机构的健康状况。同时，为了跟踪桁架齿轮箱的健康趋势对振动数值在服务器端进行实时存储，通过对历史振动数据进行大数据分析，提前预判桁架的故障，做到预测性维护。

振动数据分别接入设备层面和远程服务器层面，振动监测电气构架如图 3-11 所示。

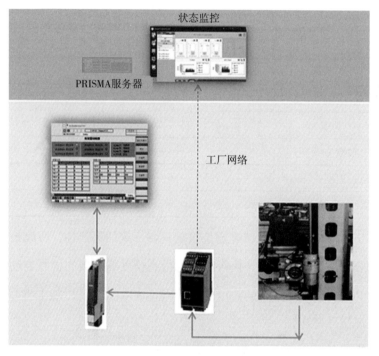

图 3-11　振动监测电气构架

1）设备所在的工厂层面：主要实现实时振动数据评估与超差机床报警提醒。当振动过大时，IFM 振动评估模块触发设备预警及报警；预警次数在 HMI 上显示，当达到一定次数时，设备停机提醒维修人员检查桁架；振动报警使设备及时停止，防止发生撞击，保护设备。

2）状态监控层面：主要实现对实时振动数据监控、存储及对历史数据的分析。振动数据接入远程服务器，对振动数据进行实时记录并存入

SQL Server 数据库，Smart Observer 软件实现采集数据的可视化，在公司域内任意计算机通过 IE 即可监控振动数据。

3）数据流的闭环控制及反馈如图 3-12 所示。

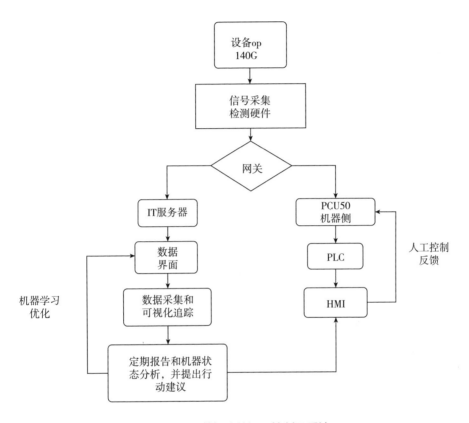

图 3-12 数据流的闭环控制及反馈

如图 3-13 所示为监测安装位置，在减速机外壳上径向安装，刚性连接。该监测传感器具有如下特性：

①防护等级为 IP68/69K，可以应用在恶劣环境中。

②振动测量范围为 −25 g ~ 25g。

③监控频率范围为 0 ~ 6000Hz。

④具有传感器自检功能，利用该功能可以实现对远程设备的自诊断。

图 3-13　监测安装位置

由于该传感器仅能监测一个方向的振动，为了更全面地监控桁架的振动需要在齿轮箱上安装两个相互垂直的传感器，具体安装布局 v 如图 3-14 所示。

图 3-14　传感器在桁架上的布局

VSE100 用于处理振动信号，该模块可连接 4 个 VSA001 振动传感器探头，这刚好可以满足一台桁架监控的需求。信号处理支持时域内分析，以及频域内 FFT 分析（图 3-15）。

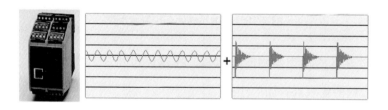

图 3-15　振动传感器模块

VSE100 有 8 个可自由配置的数字量 IO 端子和 1 个模拟量输出，并具有一个 Ethernet 口用于调试或远程监控。每个传感器的预警信号和报警信号通过 IO 接入机床的 ET200S 模块，共需要 4 × 2=8 个 IO 端子（图 3-16）。

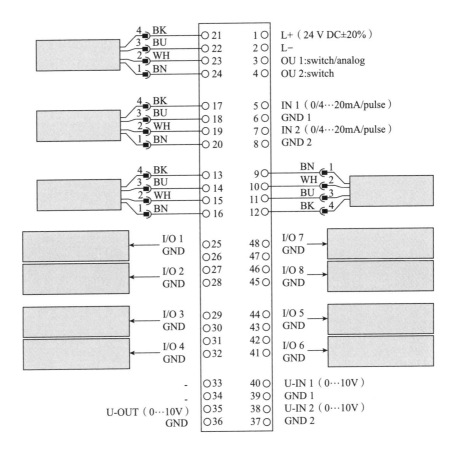

图 3-16 振动模块接线原理图

振动分析不同于液位、压力之类的分析，其情况繁多，比较复杂。振动评估因设备类型、监控形式的振动不同而不同。不同设备振动数据差异很大，即使是同一桁架在不同的工位因工艺不同其振动情况也不同。同一设备是监控不平衡导致的振动还是设备撞击导致的振动，所用的评估方式也不同。由于振动监测在桁架上属于首次应用，没有其他历史经验可以借鉴，所以选用哪种信号处理形式以及如何设定预警阈值和报警阈值是该项目处理的难点。整个软件在设计过程中也是围绕该难点展开的。

通常来说，对信号处理在频域里更方便一些，借助一些专业软件，通过分析频谱图可以分析出具体出现问题的机械部件。但在频域内分析需要外部条件（在图 3-13 中需要的是轴的实时运行速度），且频域分析比较慢，不适合在线实时分析，而时域信号物理意义比较清晰，不需要经过太多复杂运算，实时性好。时域信号在桁架运行过程中已经能很好地表征运行状态，所以图 3-15 中选用时域信号对振动进行处理。

预警值和报警值的选取对于桁架的故障预测与设备保护至关重要，预警值选取过小会导致设备频繁报警，进而使齿轮箱等机械部件过早地被提前更换掉；预警值选取过大会起不到预警作用，致使只有当齿轮箱损坏了才报警，甚至检测不到齿轮箱损坏进而导致设备碰撞。在选取预警值与报警值时要考虑到抱闸测试对振动评估的影响，抱闸测试时设备不动，驱动自动施加一定的电流到电机使其产生驱动力测试抱闸的功能，该过程中，桁架会产生一定的振动，该振动虽很大但属于正常的振动。除此之外，该过程还需要考虑到齿轮箱外的部件对振动产生的偶发影响，如每天桁架运行过程中总会出现一次两次突然的振动频率过高的情况，但这并不影响设备运行。

基于此，预警值和报警值分别触发预警信号与故障信号，两个数值的设定并不是一蹴而就的，而是在一到两周的运行测试中不断优化该值至最优。预测性维护是希望提高预警信号的准确性和及时性。

如图 3-17 所示为程序设计框架，首先预警值按照正常值的 1.5 倍，报警值按照正常值的 2 倍来设定，程序设计中，针对故障信号设备采取立即停止的反应机制，以避免故障的进一步恶化造成更大的损失。而针对预警信号的处理方式则分为两种，即按预警信号的次数和预警信号的持续时间：

1）按预警信号的次数：在 PLC 的程序块中，对一定时间内的预警次数设定一个限值（可调），当程序块中的计数器检测次数超过限值后，触发报警，使设备循环停止，以便维护人员检查。

2）按预警信号持续的时间：在 PLC 的程序块中，运用计时器对每次预警信号的持续时间进行计时，当预警信号持续时间超过限值（可调）时，触发报警，使设备循环停止，以便维护人员检查。

两种方式中的限值设置得越严格则报警越容易触发，该值设置得越宽松则报警就不易触发。因此，该限制需要根据实际情况和经验不断优化，以趋近于合理。

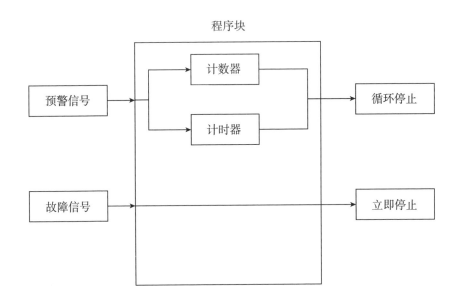

图 3-17　程序设计框架

振动监测的 HMI 集成到桁架 HMI PRO 的诊断模块下，作为桁架 HMI 的一部分，不需要额外的显示屏，节省硬件。HMI 上半部分是振动信号的实时显示，能直观展现桁架运行中的状态。

报警记录画面和报警次数画面是配合使用的，如图 3-18 所示为桁架振动检测的 HMI 设计，报警记录部分的作用主要有两个方面：

1）作为简单的预警趋势统计，显示过去一周桁架预警以天为单位的次数统计。

X1监测点1 振动正常 ○	X2监测点3 振动正常 ○	A_max/日 1500.0
X1监测点2 振动正常 ○	X2监测点4 振动正常 ○	A_max/周 1500.0
		A_max/月 1500.0
X1持续监测 振动异常 ○	X2持续监测 振动异常 ○	A_实时值 27.8

报警记录

	监测点1	监测点2	监测点3	监测点4
周一	4	4	4	4
周二	0	0	0	0
周三	0	0	0	0
周四	0	0	0	0
周五	0	0	0	0
周六	0	0	0	0
周日	0	0	0	0

报警次数

	监测点1	监测点2	监测点3	监测点4
每日	4	4	4	4
每周	4	4	4	4
每月	268	268	268	268
次数	5	5	5	5
时间	3	3	3	3

| | | | | Gantry |
| 数据存储 | 数据存储 | TCP/IP | PB/PN诊断 | 振动检测 | 振动数据 |

图 3-18　桁架振动检测的 HMI 设计

2）在振动预警值与报警次数的定义阶段，通过该记录可以判断预警值的设定是否合理。如果每天预警次数都很多，说明预警值过小，需要重新调整预警值及报警次数。根据使用场合的不同，选择定义一个较高的预警值以及较低的预警次数还是一个比较敏感的预警值以及较高的预警次数。如桁架，早期齿轮箱等机械部件的磨损导致的振动不至于对设备运行造成大的影响，预警值可以设定得比较高，而预警次数可以设定为较小值。

除此之外，状态监控在设计时还充分考虑了数据的可视化、可追溯化以及与 MSB 的互通性。数据可视化暂时由远程监控软件呈现，同时通过 MQTT 协议发送给 MSB。如图 3-19 所示的实时监控画面就可以对振动的实时值以及过去几个小时的趋势进行呈现。

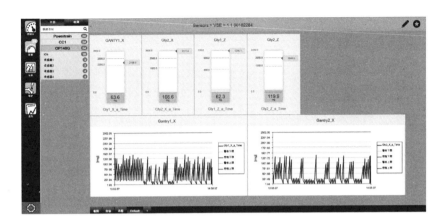

图 3-19　实时监控画面

为了对历史数据进行可追溯，振动实时数据全部存入 SQL Server 2008 R2 数据库，在客户端可以对过去任意时间段的振动数据进行评估，从而对桁架的健康状态趋势进行评估，提前预见故障，做到预测性维护。

结语

以发展的眼光看，iTPM 策略具有一定的先进性。目前，"碳中和"是制造业未来的发展方向。通过在企业建立并发展 iTPM，管理者能够提高资产类设备的运转稳定性、运行效率和单位工时内合格品的产量，从而有效地降低单位产品所需的能源（水、电、气、暖）消耗与排放。本书提供了新时代制造业一个可借鉴、可复制的发展模式。

iTPM 的探索之路还在继续。通过 iTPM 的建设与推广，提升设备维护的计划性和预测性，使保养工作得到完善，运行状态良好且稳定提升，iTPM 将始终致力于提升生产效率，改善人机和谐作业环境，提高加工人员与管理人员的企业自豪感，向着绿色、高效的生产方向大步迈进。